KOMPASS

Radreiseführer
Mainradweg

Genussmomente und lohnenswerte Schlenker für Reise-Radler und E-Bike-Entdecker

bis Mainz · Mühlheim · Gemünden · Schweinfurt · Bad Staffelstein · Kulmbach · **Von Bischofsgrün** · N · Klingenberg · Kitzingen · **Von Creußen**

Der
Mainradweg

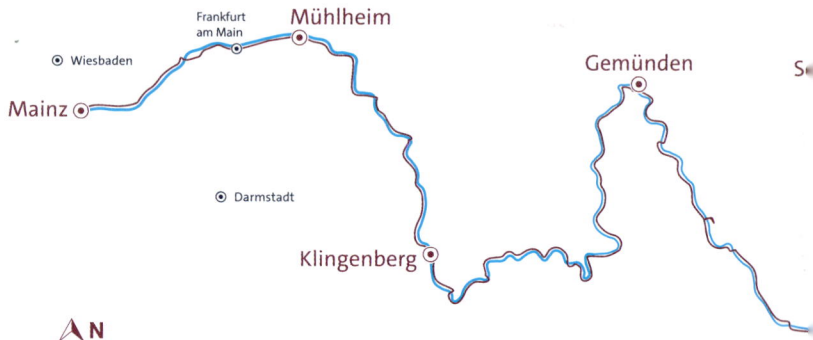

Frankfurt am Main · **Mühlheim** · Wiesbaden · **Gemünden** · Mainz · Darmstadt · **Klingenberg** · N

Lasse den Alltag hinter dir. Nimm dir die Zeit – Fahr los, um etwas zu erleben und schreibe es nieder. Erinnere dich an deine Reise, an die Natur, die Städte und die Menschen, mit denen du die Momente geteilt hast.

Mühlheim
Gemünden
Schweinfurt
Bad Staffelstein
Main-zusammen-fluss
Kulmbach
Mainz
Weißmainquelle bei Bischofsgrün
Klingenberg
Kitzingen
Rotmainquelle bei Creußen

▲ N

Der
Main

Schon die Kelten und die Römer waren am Ufer des 527 Kilometer langen Flusses zwischen dem Fichtelgebirge und dem Rhein unterwegs. Ihren Spuren folgen heute mit Vorliebe Radfahrer. Die meisten von ihnen starten in Bayreuth und genießen dann zwölf sportlich-erlebnisreiche Tage bis zur Mündung in den Rhein – durch schöne Dörfer und historische Städte, vorbei an Auwäldern und Weingärten.

In Bayreuth
in die Pedale!

Es ist sehr schwer, sich von Bayreuth loszureißen, denn gleich am Start möchten zwei Schlösser und ein wunderbarer Park besichtigt werden. Auch in Kulmbach, der liebenswerten „Stadt des Bieres", lohnt sich ein längerer Stopp. Während der Weiterfahrt passiert man mit der Wallfahrtskirche Vierzehnheiligen eines der bedeutendsten barocken Bauwerke Europas – und in Bamberg, das oft scherzhaft als „Venedig von Franken" bezeichnet wird, locken nicht nur der berühmte Dom und das Bamberger Rauchbier zum Verweilen.

Weiter
mainabwärts

In der Folge tauchen links und rechts des Mains die ersten Weinberge auf. Dazwischen verlocken Orte wie Dettelbach, Kitzingen oder Ochsenfurt zum Absteigen. Vorbeiradeln sollte man natürlich auch nicht an der Barockstadt Würzburg, die zahlreiche prachtvolle Kirchen, die Marienburg, ein wunderbares Residenzschloss (UNESCO-Welterbe) und ganz viel Flair bietet. Im weiteren Verlauf schuf sich der Main geologisch interessante Steilhänge, während Karlstadt und Wertheim ein wenig aus dem Mittelalter erzählen.

Der Main-Mündung
entgegen

Am Unterlauf des Mains überrascht Miltenberg mit seinem historischem Flair. Aschaffenburg punktet mit Stiftskirche, Residenzschloss und dem weithin sichtbaren Pompejanum. Sidesteps lohnen sich jedoch auch in Seligenstadt und in Hanau-Steinheim. Selbst an Frankfurt am Main sollte man nicht vorbeiziehen – Stichworte: Mainuferpark, Römer, Opernplatz, Museumsmeile … Viel zu rasch ist der rund 600 Kilometer lange MainRadweg zu Ende: am Rhein, genau gegenüber der höchst sehenswerten Stadt Mainz – was für ein Schlusspunkt!

Vorfreude...

Dieser Radreiseführer handelt von Entdeckerdrang und dem Gefühl von Freiheit. Mit dem Zweirad aufzubrechen und aus eigener Kraft entlang des Fernradweges Land und Leute, Kultur- und Naturschätze zu entdecken, ist ein unvergleichliches Erlebnis. Damit dies gelingt, geben dir die nächsten Seiten eine Einführung zum Buch, wertvolle Tipps sowie Erfahrungswerte von Profis zu Tourenplanung und Checklisten. Außerdem gibt es hilfreiche Infos zur Beschilderung entlang des Radweges und zur Wegequalität.

ZUM RADREISEFÜHRER

Alles über die Kapitel, zu Highlights, Schlenker, Wissenswertes und über das Roadbook im Detail... **S.14 & 15**

GPX-TRACK & TOURENPLANUNG

Alle Infos zum Download der Hauptroute und wie man seine persönliche Radtour optimal plant... **S. 18 & 19**

ANREISE MIT DEM ZUG

Umweltfreundlich, ohne Parkprobleme und zusammen mit Freunden. Alle Informationen... **S. 20 & 21**

EXPERTENTIPP

Erfahrungswerte, spezielles zum Elektrorad und die Checkliste vor jeder Fahrt von den Profis... **S. 22 & 23**

EINGEPACKT

Erfahrene Radreisende folgen dem Grundprinzip „Weniger ist mehr". Es gilt den Spagat zwischen sinnvoller Ausrüstung und Gewicht bzw. Packvolumen zu meistern. Des Weiteren sollte systematisch und ausbalanciert gepackt werden. Es schafft Sicherheit und spart Zeit und Nerven. Die Checkliste... **S. 24 & 25**

SCHILDERWALD & WEGECHARAKTER

Nützliche Infos zur Beschilderung entlang des Weges und dessen Qualität sowie Kontaktinformationen... **S. 26 & 27**

Zum Radreiseführer

Das Buch ist klar und einfach in zwei Teile gegliedert:
Reiseführer & Roadbook

Mit dabei ist ein Kontaktverzeichnis, eine Extra-Karte und
der GPX-Track zur Hauptroute.

Der Reiseführer und die Extra-Karte für den nötigen Überblick zeigen dir das „Rundherum" des Weges und nicht nur den Asphalt unter den Reifen. Hier werden die Stationen des Radwegs charmant beschrieben. Die Einteilung in **„Kapitel"** dient der großräumigen Orientierung. Dabei handelt es sich nicht um Empfehlungen für Tagesetappen. Konditionelle Unterschiede und die immer häufiger verwendeten E-Bikes erfordern eine individuelle Etappenplanung.

Jedes Kapitel beginnt mit einem illustrierten Höhen- und Streckenprofil zur schnellen Orientierung. Start- und Zielort des jeweiligen Kapitels sind im Profil und durchgehend am linken oberen Seitenrand beschriftet. Die Beschreibung greift nach und nach den landschaftlichen Charakter und die Sehenswürdigkeiten entlang der Hauptroute auf und vermittelt auf diese Weise ein Gefühl für die Umgebung. Unterbrochen wird der Text durch farblich hinterlegte Infoboxen.

Highlights am Wegesrand: Diese sind im Haupttext hervorgehoben und in Kombination mit dem Symbol einer Kamera durchnummeriert (siehe oben rechts). In einem grün eingefärbten Feld (entweder neben dem Text oder am Kapitelende), welches mit der entsprechenden Symbol-Nummer markiert ist, wird das

Highlights am Wegesrand

Lohnenswerte Schlenker

Wissenswertes im Gepäck

jeweilige Highlight detailliert beschrieben. Die Stadtpläne helfen bei der Orientierung an Ort und Stelle. Im Roadbook sind die Sehenswürdigkeiten mittels Symbol-Nummer verortet.

Lohnenswerte Schlenker: Neben den Highlights sind im Text auch abseits vom Radweg gelegene Sehenswürdigkeiten als Lohnenswerte Schlenker ausgewiesen. Denn häufig zahlen sich kleinere oder größere Abstecher von der Hauptroute aus, um interessante Orte und Geheimtipps fernab des Trubels für sich zu entdecken. Die Kennzeichnung im Text sowie in der dazugehörigen separaten Infobox (blau eingefärbt) und im Roadbook erfolgt über die Kombination aus Fernglas-Symbol und Nummer (siehe oben).

Wissenswertes über lokale und regionale historische, landschaftliche oder kulturelle Gegebenheiten wird an vielen Stellen in rot eingefärbten Infoboxen vermittelt. Am Ende eines jeden Kapitels folgt ein **Kulinarischer Abzweig**.

Roadbook: Detailkarten und exakte Wegbeschreibung

GPX-Track: die Hauptroute für die digitale Navigation

Extra-Karte: maximale Übersicht und Planungsinstrument

Das Roadbook enthält die Detailkarten zur Hauptroute im Maßstab 1:50.000 und die dazugehörige Streckenbeschreibung. Es ist an die aktuellen Bedingungen rund um die schönsten Radwege angepasst. Die mittlerweile gute bis hervorragende Beschilderung der beliebtesten Radwege sowie die häufig offiziell erhältlichen Radwege-Apps und digitalen Wegverläufe erlauben es, das Roadbook auf das Wesentliche zu reduzieren.

Linien: Stellenweise gibt es mehrere Varianten des Radwegs. Unsere Autoren haben die Schönste gewählt und diese als rote Linie dargestellt. Es ist möglich, dass diese Route punktuell von der offiziellen Hauptroute abweicht, um verkehrsreiche Abschnitte zu umfahren oder besondere Highlights an der Strecke aufzunehmen. Ausgewählte Varianten oder lohnenswerte Schlenker werden als grüne oder blaue Linie dargestellt. Maßstabsbedingt können nicht alle Abstecher von der Hauptroute im Roadbook abgebildet werden.

Zusatzinformationen im Roadbook und in den Stadtplänen		
▬▬ Hauptroute	▬▬ Variante
⑤ Kilometrierung	▬▬ Lohnenswerter Schlenker
‹ ‹‹ Steigung, starke Steigung	
❶ ❶ ❶ Wegpunkte Hauptroute/Variante/Lohnenswerte Schlenker	

Wegpunkte: Der Bezug zwischen Text und Kartografie erfolgt über die Wegpunkte. Schwarze Kreise mit weißer Zahl beschreiben die Hauptroute, grüne beziehen sich auf Varianten und blaue Wegpunkte erläutern die Lohnenswerten Schlenker.

Kilometrierung: Dic Hauptroute ist vom Start bis zum Ziel fortlaufend alle 5 Kilometer mittels weißer Kilometerangabe in rotem Kreis beschildert. Somit ist zu jedem Zeitpunkt die bereits zurückgelegte Strecke problemlos ablesbar und die Anschlusskarte schnell gefunden. Steigungspfeile entlang der Route markieren steilere Abschnitte.

Sehenswürdigkeiten: Die im Reiseführer beschriebenen Sehenswürdigkeiten, also die Highlights und Schlenker, sind im Roadbook mit blauem Symbol und weißer Nummer verortet. Darüber hinaus sind in den Karten viele weitere Sehenswürdigkeiten, Museen, etc. mit braunem Symbol markiert und beschriftet. Die vollständige Legende findet sich auf der hinteren Klappe.

Aktuelles: Hochwasser- oder baustellenbedingte Umleitungen sind in der Regel gut ausgeschildert und werden ebenso wie die aktuellsten Verkehrsinformationen, Hinweise und Sicherheitsmaßnahmen auf den offiziellen Seiten des Radwegs und der Touristinformationen kommuniziert. Hilfreiche Adressen und Kontakte finden sich auf den nächsten Seiten und bei den Reiseinfos im Anhang.

GPX-Track &
Tourenplanung

Den GPX-Track zur Hauptroute des Roadbooks gibt es hier zum Download:

www.kompass.de/gpx-daten

Für die Planung einer Radtour und der einzelnen Tagesetappen sollte man sich genügend Zeit nehmen. Mache dich mit deiner Tour vertraut und wähle deine persönlichen Highlights aus. Dort wirst du bestimmt mehr Zeit verbringen wollen. Mit großer Sicherheit wirst du auch unterwegs auf den einen oder anderen Ort treffen, an dem du ungeplant verweilen möchtest.

Ohne große Erfahrung mit mehrtägigen Radtouren sollte man eher kürzere Etappen einplanen. Wenn man sein Konditionslevel nicht kennt, ist es hilfreich vorab einzelne Tagesausflüge mit seinem beladenen Tourenrad zu unternehmen. Dabei sollte man möglichst ohne große Anstrengung fahren, da es auf die Ausdauer und nicht auf die Geschwindigkeit ankommt. So wird schnell klar, bei welcher durchschnittlichen Tages-Kilometer-Leistung die eigene Komfortzone liegt und was die Stärken und Schwächen des Rades und der Sitzposition sind. Des Weiteren gilt es regelmäßig Pausen einzuplanen und evtl. einen Ruhetag an einem lohnenswerten Ziel.

Wie viele Kilometer schafft man? Pauschal kann dies nicht gesagt werden, da zu viele Faktoren eine Rolle spielen wie u.a. die eigene Kondition, das Gepäck, die zu überwindenden Höhenmeter oder auch das Wetter. Starker Gegenwind kann die Durchschnittsgeschwindigkeit halbieren. Mit dem E-Bike kann die Distanz schnell um 20-30% oder sogar 50% und mehr gesteigert werden. Eigene Probefahrten schaffen Gewisseit und helfen die persönliche Durchschnittsgeschwindigkeit und eine realistische reine Fahrzeit exklusive Pausen für sich zu ermitteln. Damit ist die Tages-Kilometer-Leistung schnell berechnet. Die nachfolgende Auflistung zeigt Erfahrungswerte, also Tages-Distanzen in Abhängigkeit vom Konditionslevel für Radtouren in ebenem bis mäßig hügeligem Gelände und dient der groben Orientierung:

<30 km = relativ einfach (Anfänger und Etappen mit Kindern)
30-40 km = gemütlich (häufige Pausen und größere Gruppen)
40 50 km = durchschnittlich (ab 50 km sind sportliche schon gut dabei)
50-80 km = erhöhte Kondition (bereits nach leichtem Training machbar)
80-120 km = gute Kondition (mit viel Gepäck benötigt man für 120 km den ganzen Tag)
> 120 km = sehr gute Kondition

Plan B: Sollte man sich bei der Etappenlänge verplant haben, so stehen häufig regionale Fahrradtaxi-Unternehmen, Fähren, Bus und Bahn zur Verfügung (Kontakt über Touristinformationen und die offizielle Radwegseite). Im Notfall kann immer eine alternative Unterkunft gewählt werden.

Anreise mit dem Zug

Umweltfreundlich, mit Freunden als Gruppe und ohne Stau. Mit genügend Vorlaufzeit und Planung gelingt die An- & Abreise per Zug problemlos. Die Frage, wie man nach der Radtour das am Start abgestellte Auto erreicht, stellt sich erst gar nicht. Informationen bieten die folgenden Adressen.

Zentrale Service-Hotline der DB:

0180 6 99 66 33

(20 Cent/Anruf aus dem Festnetz, Mobilfunk max. 60 Cent/Anruf).

Informationen zur Fahrradmitnahme, -versand und -miete. Sowie Buchung bzw. Reservierung von Tickets und Stellplätzen.

Zentrale Service-Hotline der ÖBB:

+43 (0)5 17 17

(Gebührenpflichtig. Die Höhe der Gebühr richtet sich ausschließlich nach dem jeweiligen Festnetz- oder Mobilfunkvertrag des Anrufers. Die ÖBB verrechnen keine zusätzlichen Kosten.)

Alle Informationen über die Mitnahme vom Fahrrad bei der Deutschen Bahn:
https://www.bahn.de/p/view/service/fahrrad/bahn_und_fahrrad.shtml

Tipps der DB um die Bahnreise mit dem Fahrrad zu erleichtern:
https://inside.bahn.de/checkliste-fahrradmitnahme-bahn/

Informationen über die Fahrradmitnahme in den Zügen der Österreichische Bundesbahnen:
https://www.oebb.at/de/reiseplanung-services/im-zug/fahrradmitnahme

Der ADFC informiert zum Reisen mit Bahn und Rad:
https://www.adfc.de/auf-tour/#fahrradtransport/!141

Tipp vom Experten

Diamant Fahrradwerke GmbH

Die Profis von Diamant blicken auf eine über 135 jährige Geschichte zurück. Auf **www.diamantrad.com** gibt es geniale Fahrräder, umfangreiche und detaillierte Anleitungen, und informative Blogbeiträge. Für uns haben sie das Wichtigste zusammengeschrieben damit die Fahrradtour gelingt.

Checkliste vor jeder Fahrt:

✓ Lenker und Vorbau kontrollieren
✓ Laufräder Prüfen (Reifendruck, Befestigung, etc.)
✓ Bremsen testen (Bremsbelag, Scheiben, Felgen, etc.)
✓ Kettenspannung überprüfen
✓ Sattel (Sitz) und Sattelstütze kontrollieren
✓ Federung prüfen und Wartungsintervall checken
✓ Beleuchtung und Reflektoren sicherstellen
✓ Rahmen und Gabel begutachten
✓ Akku beim Elektrorad prüfen
✓ Pannenset & Kompatibilität kontrollieren

Die läng einer Tagesetappe hängt von vielen Faktoren ab. Insbesondere von der eigenen Kondition, der Motivation, den Wetter- und Wegebedingungen und natürlich auch von den Wegbegleitern. Greift man auf eine Elektrorad zurück sind weitere Faktoren zu beachten. Es ist sowohl vor Antritt als auch während einer Fahrt schwierig die Reichweite der Akkuladung exakt vorherzusagen. Allgemein gilt jedoch:
Bei gleichem Unterstützungslevel des E-Bike-Antriebs: Je weniger Kraft du einsetzen musst, um eine bestimmte Geschwindigkeit zu erreichen (z.B. durch optimales Benutzen der Schaltung), umso weniger Energie wird der Antrieb verbrauchen und umso größer wird die Reichweite einer Akkuladung sein. Je höher der Unterstüzungslevel bei ansonsten gleichen Bedingungen gewählt wird, umso geringer ist die Reichweite.

Spezielles zum Elektrorad

- Ganz wichtig: Mach dir bewusst, dass andere Verkehrsteilnehmer womöglich nicht damit rechnen, dass eine Elektrorad schneller fahren kann als ein herkömmliches Fahrrad. Außerdem erhöht eine schnellere Geschwindigkeit das Unfallrisiko.
- Überlaste den hinteren Gepäcksträger nicht. Die maximal erlaubte Zuladung des hinteren Gepäcksträgers beträgt 20 - 25 kg.
- Reinige das E-Bike niemals mit einem Hochdruckreiniger. Die elektrischen Komponenten sind feuchtigkeitsempfindlich. Unter Hochdruck auftreffendes Wasser kann in Steckverbindungen und andere Teile des Elektrosystems eindringen.
- Akku vor längerer Nichtbenutzung auf bis etwa 60% aufladen (normalerweise 3 bis 4 LEDs der Ladezustandsanzeige). Nach 6 Monaten den Ladezustand prüfen. Leuchtet nur noch eine LED der Ladezustandsanzeige, Akku wieder auf bis etwa 60% aufladen.
- Es ist nicht empfehlenswert, den Akku dauerhaft am Ladegerät angeschlossen zu lassen.
- Wird der Akku längere Zeit in leerem Zustand aufbewahrt, kann er trotz der geringen Selbstentladung beschädigt und die Speicherkapazität stark verringert werden.

Was muss mit? Diese Packliste be-
antwortet die Frage. Individuelle An-
passungen sind erforderlich, da jede
Radreise einzigartig ist. Beutel und
Packsäcke sorgen für Ordnung in den
Packtaschen.

Eingepackt

NAVIGATION

Kartenmaterial, Radreiseführer
Handy / (Ladekabel, Akkus)
GPS-Fahrradcomputer (Ladekabel,
Akkus prüfen)

ALLGEMEINES

Ausweise, Papiere, Telefonnummern
Reisedokumente
Bargeld / EC-Karte / Kreditkarte
Stift & Notizbuch
Stirnlampe / Taschenlampe (Lade-
kabel, Akkus prüfen)
Wasserdichte Schutzhüllen für Handy
und Wertsachen
Powerbank (mobile Stromversorgung)

FAHRRADSPEZIFISCH

Tacho/Fahrradcomputer
Getränkeflasche / SchlauchTrinksystem
Fahrradlicht Vorne & Hinten
Fahrradwerkzeug für Standardrepa-
raturen & Flickzeug
Ersatzschlauch & Reifenheber
Luftpumpe, Lappen
Schloss
E-Bike-Ladegerät nicht vergessen!

NOTIZEN

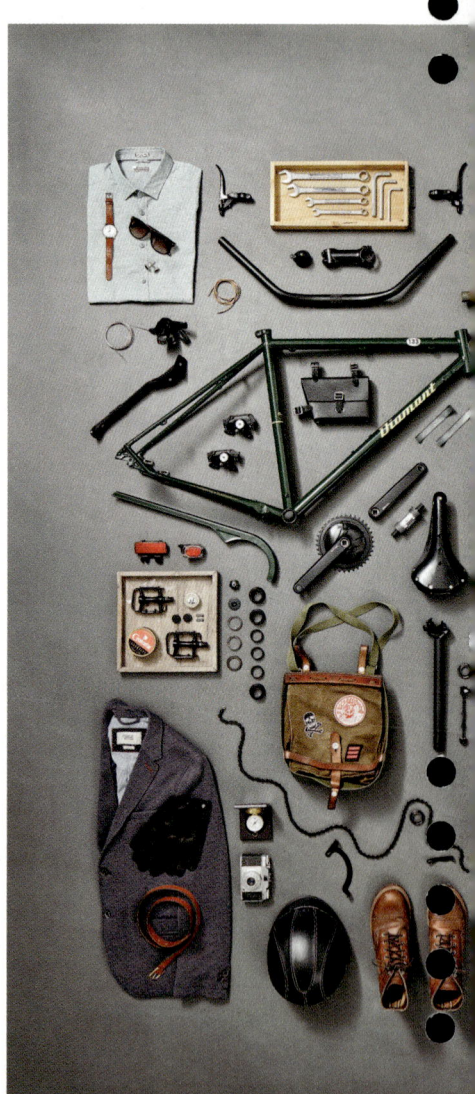

KLEIDUNG & SCHUTZ

Tages- & Wechselkleidung
Gepolsterte Radunterhose
Leichte Isolationsjacke
Regenjacke und Regenhose
Schlafzeug, Badezeug
Radtourenschuhe
Wechselschuhe oder Sandalen
Sport-, Sonnenbrille (bruchsicher)
Helm (gesetzliche Helmpflicht in Österreich für
Kinder unter 12 Jahren)
Unterhelmstirnband / -mütze
Schlauchtuch / Buff
Fahrradhandschuhe

REISEAPOTHEKE

Erste-Hilfe-Set (ergänzt um pers. Medikamente)
Desinfektionsmittel, Mundschutz, Seife
Pflaster / Stretchverband
Sonnen- & Insektenschutz
Augentropfen
Ohrstöpsel

HYGIENE

Kulturbeutel (gepackt)
Duschgel & Shampoo
Zahnbürste & Zahnpasta
Reisehandtuch
Taschentücher

SONSTIGES

Ersatzbrille
Fotoapparat (Speicherkarte & Akkus prüfen)
Unterhaltung: Buch, Spielkarten, Zeitschrift…
Kopfhörer
Feuerzeug & Taschenmesser (optimal mit Schere)
Spülmittel, Schwamm und Geschirrtuch
Campingausrüstung (falls erforderlich)
Geschirr & Besteck

Schilderwald...
Wegecharakter
Informationen

Die Beschilderung entlang des Radweges (ganz links das offizielle Logo)

Der Radweg ist durchgehend (von den Quellen bis zur Mündung) mit dem offiziellen Logo beschildert. Der Main-Radweg ist Teil der D-Route 5 (Radsymbol mit weißer 5 auf rotem Hintergrund). Das entsprechende Symbol ist häufig zusätzlich auf den Schildern des Main-Radwegs zu finden. Hinweisschilder am Wegesrand geben Informationen zum jeweiligen Gebiet, zu Sehenswürdigkeiten und erleichtern die Orientierung.

Die Wegequalität am Main-Radweg ist überwiegend sehr gut. Die Strecke verläuft meist auf echten asphaltierten Radwegen und seltener auf gut befahrbaren unbefestigten Wegen direkt am Mainufer. Abschnittsweise führt die Route auf straßenbegleitenden Radwegen entlang von Hauptverkehrsstraßen. Der flussbegleitende Radweg enthält nur wenige Steigungen und ist für Einsteiger und Familien geeignet.

Sollte der Fluss Hochwasser führen, können einige Streckenabschnitte nicht befahrbar sein. Örtliche Umleitungen sind meist gut ausgeschildert oder neben Sperrungen und Wegeänderungen auf der offiziellen Seite beschrieben (siehe rechts).

Informationen:

Tourismusverband Franekn e.V.
Pretzfelder Straße 15
90425 Nürnberg
Telefon +49 (0)911 94151-0
Telefax +49 (0)911 94151-10
E-Mail info@frankentourismus.de
www.frankentourismus.de/wege/mainradweg-261/

Website Mainradweg

www.mainradweg.com

Aktuelle Umleitungen:
www.mainradweg.com/tour/streckenfuehrung/umleitungen/

Der
Mainradweg

Mühlheim

Gemünden

Mainz

Klingenberg

Schweinfurt

Bad Staffelstein

Main-zusammen-fluss

Kulmbach

Weißmainquelle bei Bischofsgrün

Kitzingen

Rotmainquelle bei Creußen

N

Teil 1

Reiseführer

62 km

Mainzusammenfluss

N

Rotmainquelle

hm 417 Abstieg
273 Aufstieg

Streckenprofil

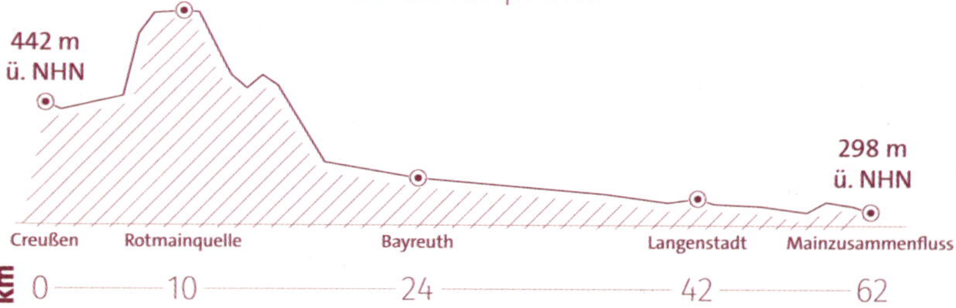

442 m
ü. NHN

298 m
ü. NHN

| Creußen | Rotmainquelle | Bayreuth | Langenstadt | Mainzusammenfluss |

| km 0 | 10 | 24 | 42 | 62 |

Der rote Ursprung des Mains

Möchte man den Mainradweg in seiner gesamten Länge von Osten nach Westen befahren, so hat man die Wahl zwischen zwei unterschiedlichen Startpunkten, da der Fluss ursprünglich von zwei Quellflüssen gespeist wird. Es sind der Rote und der Weiße Main, die sich bei Kulmbach zum mit 527 Kilometern Fließstrecke längsten rechten Nebenfluss des Rheins, dem Main, vereinigen. Wählt man die Variante des Roten Mains als Startpunkt für das Abenteuer MainRadweg, so liegen ab Creußen 574 km Fahrstrecke vor einem. Neben Entdeckungs- und Bewegungsfreude sollte man also auch stramme Wadeln mitbringen.

Creußen mit seiner mittelalterlichen Altstadt liegt am Fuße des Fichtelgebirges in der Fränkischen Schweiz. Es hat eine lange Keramikhandwerktradition, die im 17. und 18. Jahrhundert mit der Herstellung der Creußener Steinzeuggeschirre ihren Höhepunkt fand. Im Krügemuseum, das in der Torwächterstube im nördlichen Stadttor untergebracht ist, lassen sich Apostel-, Planeten- und Jagdkrüge neben Apothekergeschirr bewundern. Das Eremitenhäuschen in Creußen gilt als einzig erhaltene bürgerliche Eremitage Deutschlands.

Die eher unspektakuläre Rotmainquelle erreicht man am besten, indem man das Fahrrad an der Wegkreuzung bei einem großen Windrad stehen lässt und den wurzeligen Pfad zu Fuß zurücklegt. Die Quelle wurde 1907 in Stein gefasst, das Wasser fließt über ein schmales Holzrohr ab. Woher kommt der Name „Roter Main"? Der Fluss hat seinen Namen vom moorig-roten Untergrund und dem mitgeführten Sediment, das ihn rötlich erscheinen lässt.

Erreicht man schließlich Bayreuth, kann man in kultureller Hinsicht aus dem Vollen schöpfen. Oberfrankens

Highlights am Wegesrand 📷1

Richard Wagner
und seine Festspiele

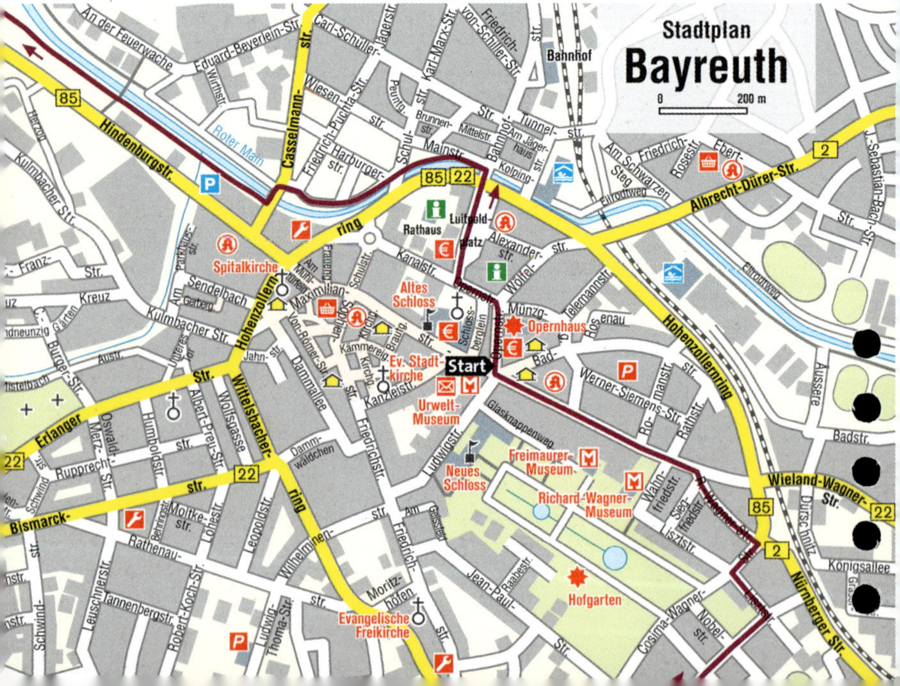

1876 wurde der „Ring der Nibelungen" als Zyklus uraufgeführt, „Tannhäuser", „Lohengrin" und „Die Meistersinger von Nürnberg" sind auch weniger musikaffinen Menschen ein Begriff. Alljährlich ist Bayreuth im Sommer kulturelles Zentrum der künstlerischen Auseinandersetzung mit der Musik Richard Wagners. Dann strömt ein internationales Publikum in die Festspielstadt und zum Festspielhaus auf den Grünen Hügel, dessen Grundstein bereits 1872 gelegt wurde. Es wird nur zu den Bayreuther Festspielen benutzt aud ausschließlich für Werke Richard Wagners. Mit

seiner einzigartigen Akustik zieht es die Besucher Jahr für Jahr aufs Neue in seinen Bann.

Leben und Schaffen Richard Wagners bescherten der ehemaligen Residenzstadt Bayreuth bereits im 19. Jahrhundert eine besondere Ausstrahlung. Heute ist der Kreis der Musikfreunde, Kenner und Skeptiker, der das Gesamtkunstwerk live erleben will, natürlich weitaus größer. Die Festspiele führen mit wechselndem Spielplan jede Saison 30 Aufführungen vor jeweils rund 2000 Zuschauern auf. Ein hoher Prozentsatz der Gäste kommt aus dem Ausland, unter ihnen sind viele Franzosen, Japaner und US-Bürger.

größte Stadt ist evangelisch geprägt und weltberühmt für die **Richard-Wagner-Festspiele** 📷1, die im Festspielhaus auf dem Grünen Hügel stattfinden und alljährlicher Treffpunkt und ein Muss für Opernfreunde sind. Ebenfalls nicht ungesehen sollte das Markgräfliche Opernhaus bleiben. Das seit 1748 bestehende Theater ist heute ein Museum und gehört seit 2012 zum UNESCO-Weltkulturerbe. Das 1455 erbaute Alte Schloss brannte 1753 ab, wurde am Ende des Zweiten Weltkriegs erneut zerstört und in den 1950er Jahren wieder aufgebaut. Heute dient es in den Sommermonaten gelegentlich als Ort für Freiluftveranstaltungen. Das im schönen Hofgarten eingebettet liegende Neue Schloss beherbergt hingegen etliche Sammlungen und Museen. Der Ökologisch-Botanische Garten befindet sich auf dem Campus der Universität. Auf dem 16 Hektar großen Gelände können Besucher eine botanische Weltreise unternehmen, rund 12.000 Pflanzenarten können hier bestaunt werden, Rätsel-Fans

Wissenswertes im Gepäck

Was sind Tanzlinden?

Über Bäume mit historischer Bedeutung

Viele Orte in Mitteleuropa hatten früher eine Dorflinde, die Treffpunkt für den Nachrichtenaustausch, die Brautschau und Mittelpunkt dörflicher Feste und Bräuche war. Anfang Mai wurden oft Tanzfeste unter den imposanten Bäumen gefeiert, außerdem wurde hier meist das Dorfgericht abgehalten, eine Tradition, die auf die germanische Gerichtsversammlung, das Thing, zurückgeht. „Geleitete Linden" oder „Stufenlinden" sind zu Bauwerken geformte Bäume, oft trugen sie Podeste, damit in der Baumkrone getanzt werden konnte. Fällt die Linde nicht dem Sturm, dem Schädling oder der Säge zum Opfer, kann sie ein fast schon mythisches Alter erreichen: Einzelne Exemplare sind vermutlich unglaubliche 1200 Jahre alt.

können die Entdeckungstour mit einer GPS-Schnitzel-Jagd quer übers Gelände verbinden. Von Bayreuth aus lohnt ein Abstecher zum **Schloss Fantaisie 2** .

Eine 50 m lange 5-Bogen-Sandsteinbrücke verbindet Neudrossenfeld über den Roten Main mit Altdrossenfeld. Bemerkenswert ist auch das denkmalgeschützte Ensemble eines Brauereigebäudes mit Eishaus, Gasthof und Biergarten unterhalb des Schlosses. Die ältesten Teile dieses Schlosses stammen aus dem 16. Jh., vom herrlichen Terrassengarten aus lässt sich der Blick ins Rotmaintal genießen. Die evangelische Dreifaltigkeitskirche im Ort gilt als eine der schönsten Barockkirchen im Bayreuther und Kulmbacher Land. Ebenfalls

lohnenswert ist ein Besuch im Linden-baum-Museum, trifft man schließlich im ganzen Gebiet immer wieder auf **Tanzlinden** und erfährt hier Interessantes über deren Bedeutung.

Bevor man schließlich stets entlang des Roten Mains den Zusammenfluss der beiden Quellflüsse erreicht, bietet sich kurz vor Langenstadt noch ein Schlenker zum **Schloss Thurnau**

🔭 3 an. Nach dieser kurzen Exkursion geht es stets entlang des Roten Mains bis zum Mainzusammenfluss. Der Weiße Main, der klares Fichtelgebirgswasser mit sich bringt und der erdig Rote Main bilden erst ab hier die offizielle Flussbezeichnung „Main". Ehe man Kulmbach erreicht passiert man noch das Naherholungsgebiet Mainaue, in dem Baden, Windsurfen und Angeln möglich sind.

Lohnenswerte Schlenker

Entlang des Weges

Länge des Umweges nach Thurnau: 7,5 km

 2 Schloss Fantaisie
mit Gartenkunst-Museum

Etwa fünf Kilometer westlich von Bayreuth kommen Gärtnerei-Interessierte auf ihre Kosten: Das imposante Schloss Fantaisie ist nicht nur von einer ansehnlichen Parkanlage umgeben, sondern beherbergt seit 2000 auch das erste Gartenkunst-Museum Deutschlands. Im 18. Jh. begann das Markgrafenpaar Friedrich und Wilhelmine mit dem Bau der Anlage, nachdem sie von einer einjährigen Italienreise zahlreiche Eindrücke mitgebracht hatten. Später wurde sie von ihrer Tochter, Herzogin Elisabeth Friederike Sophie, vollendet. Deshalb beinhaltet der Schlosspark auch Elemente aus unterschiedlichen Stilepochen – Rokoko, Empfindsamkeit, Romantik und Historismus. Heute sind im Park wieder Weinstöcke, ein Labyrinth und Wasserkaskaden mit Sandsteinmuscheln und Fabelwesen zu bewundern und genießen.

Das Gartenkunst-Museum beschäftigt sich in erster Linie mit der süddeutschen Gartengeschichte des 17. bis 19. Jhs., die in 20 verschiedenen Räumen in Szene gesetzt wird. Das Museum verknüpft Geschichte und Gegenwart, Be-

sucher erhalten Informationen zur Gartenkunst-Historie inmitten einer Schloss- und Parkanlage, die selbst Teil der Gartenkunst-Geschichte ist.

🔭3 Thurnau
und Schloss Thurnau

Der Markt Thurnau am nördlichen Rand der Fränkischen Schweiz ist allemal einen Abstecher wert. Der historische Ortskern umfasst das Schloss Thurnau mit dem Brückengang zur St.-Laurentius-Kirche und dem Schlossweiher. Das

Rittergeschlecht der Förtsche errichtete auf einem mächtigen Sandsteinfelsen eine Turmburg in der Au, das „Hus uf dem Stein", das schließlich auch namensgebend für den Ort wurde. Um die spätgotische St.-Laurentius-Kirche mit dem barocken Kirchenschiff trockenen Fußes erreichen zu können, ließen die Schlossherren einen Kirchgang zum Schloss bauen. Der Schlossweiher wurde im 18. Jh. an- und Mitte des 19. Jhs. trockengelegt, das Areal diente als Wiese, um Heu zu machen und Vieh zu halten.

Heute ist der Schlossweiher ein wichtiges Naherholungsgebiet, während dessen Umrundung man einen wunderbaren Blick auf die Schlossanlage hat. Der ehemalige Schlossgarten ist nicht zu besichtigen.

Neben dieser historischen Anlage ist aber auch das seit 1982 bestehende Töpfermuseum einen Besuch wert, hat die Töpferei in Thurnau doch eine lange Tradition. Ehemals war hier eine Lateinschule untergebracht, die – nicht gerade üblich für jene Zeit – auch Mädchen offen stand.

Essen, Trinken & Durchatmen

Ein kulinarischer Abzweig

„Oskar – Das Wirtshaus am Markt" ist ein typisch fränkisches Wirtshaus mitten in Bayreuth. Das Haus selbst blickt auf rund 600 Jahre Geschichte zurück und ist damit eines der ältesten am Marktplatz. Wo in früheren Zeiten das Rathaus und später eine Polizeiwache untergebracht waren, werden heute regionale Spezialitäten, fränkische Küche und lokale Bierspezialitäten serviert. Das Ambiente im Inneren des Gasthauses ist rustikal bis urig, im Sommer lässt sich an den Tischen im Außenbereich, inmitten den Fußgängerzone, unter großen Sonnenschirmen speisen und trinken.

Oskar – das Wirtshaus am Markt
Maximilianstr. 33, 95444 Bayreuth
Tel. +49 921 516 05 53
www.oskar-bayreuth.de

Das **„Drossenfelder Bräuwerck"** findet man in einem Gebäude aus dem Jahr 1649 im Ortskern von Neudrossenfeld, direkt am Marktplatz neben dem Drossenfelder Schloss und gegenüber der Kirche. Geboten wird fränkisch-moderne Küche in einer zünftigen Gaststube oder unter schönem Gewölbe. Vom Biergarten mit der großen Tanzlinde hat man einen herrlichen Blick ins Rotmaintal, auf das Eishaus und die eigene Brauerei. Jeden zweiten Mittwoch im Monat finden sich Musikanten der Region zum „Musikantentreffen" hier ein. Montag ist Ruhetag.

Drossenfelder Bräuwerck AG
Marktplatz 2a
95512 Neudrossenfeld
Tel. +49 9203 973 65 15
www.braeuwerck.de

Der weiße Ursprung des Mains

39 **km**

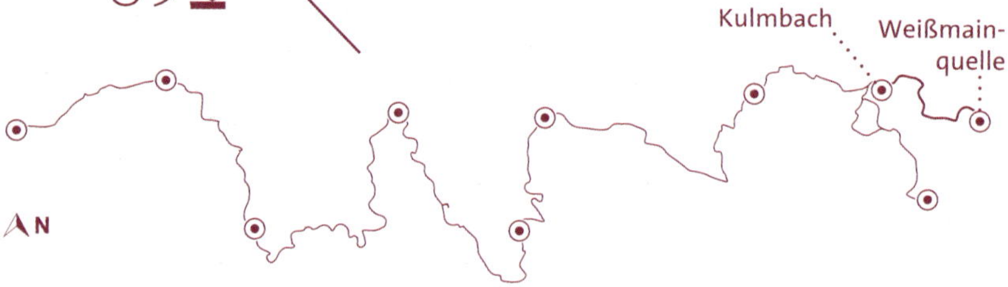

N

Kulmbach

Weißmain-quelle

hm 727 Abstieg
345 Aufstieg

Streckenprofil

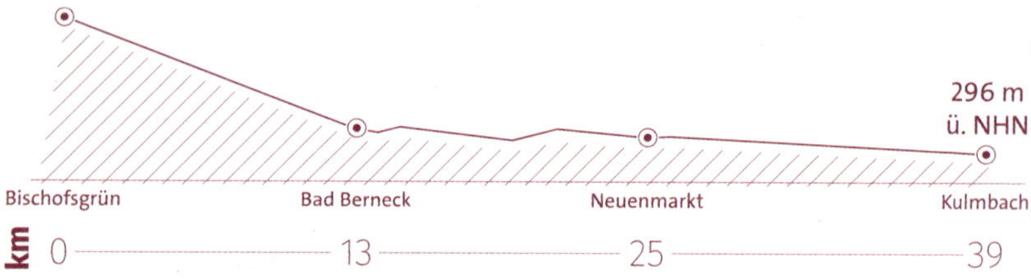

678 m
ü. NHN

296 m
ü. NHN

| Bischofsgrün | Bad Berneck | Neuenmarkt | Kulmbach |

km 0   13   25   39

Entscheidet man sich für die Weiß-mainquelle als Startvariante, so hat man die sportliche Quell-Variante gewählt, die sowohl für ambitionierte Mountainbikefahrer als auch für E-Biker ein genussvolles Erlebnis verspricht. Wer es gemütlicher angehen möchte, wählt einfach die Ortsmitte von Bischofsgrün. Dies ist auch der offizielle Startpunkt des MainRadwegs.

Ihren Namen verdankt die Quelle dem hellen Untergrund aus Granit, der den Fluss weißlich erscheinen lässt. Sie gilt als der hauptsächliche Ursprung des Mains, in der Regel schüttet sie stärker als die Rotmainquelle. Eine erste Quellfassung erfolgte bereits 1717, später wurde der Brunnen mit einer geschliffenen Syenitplatte mitsamt Inschrift versehen. Seit jeher wurde dieser Ort gerne besucht, so waren etwa Johann Wolfgang von Goethe sowie die Romantiker Wilhelm Heinrich Wackenroder und Ludwig Tiek hier.

Der heilklimatische Kurort Bischofsgrün ist seit Beginn des 20. Jhs. skitouristisch geprägt. Auf der Ochsenkopfschanze finden internationale und nationale Wettkämpfe statt und auf der mit einer Beschneiungsanlage ausgestatteten Nordabfahrt ist alpiner Wintersport möglich. Jedes Jahr zur Faschingszeit wird in Bischofsgrün beim Schneemannfest der größte Schneemann Deutschlands, der „Jakob" gebaut.

Auch Bad Berneck hat Kurorttradition, zunächst als Molken- und Luftkurort, später als Kneippkurort und seit 1950 als Heilbad. Mittlerweile trägt die kleine Stadt mit Stolz die Auszeichnung als einer der „100 Genussorte Bayerns". Sehenswert sind die Ruinen des frei zugänglichen hochmittelalterlichen Alten Schlosses, der Bergfried gilt als Wahrzeichen Bad Bernecks. Der Kurpark wartet neben einer kleinen Kneippanlage auch mit

einem Minigolf- und einem Kinderspielplatz auf. Mit zwei historischen Kolonnaden und einem Kioskhäuschen der Jahrhundertwende präsentiert er eindrucksvolle Beispiele der frühen Bäderarchitektur. Im Sommer finden sonntags Kolonnaden-Konzerte statt. Auf dem Gelände eines alten Alaun-Bergwerkes nahe der Altstadt probierte Alexander von Humboldt erstmals seine verbesserte Grubenlampe aus. An diesem historischen Ort lässt sich heute der in den Rotherspark eingebettete Dendrologische Garten mit seinen seltenen und zum Teil über einhundert Jahre alten Baum- und Straucharten entdecken, Schautafeln informieren über die Eigenheiten der Pflanzen und die Geschichte des Parks. Wer Zeit hat, sollte die geografische Nähe nützen und vor der Weiterfahrt nach Himmelkron einen Abstecher in den **Naturpark Fichtelgebirge** 🔭**4** machen.

In der 3.600-Einwohner-Ortschaft Himmelkron steht das 1279 gegründete Kloster Himmelkron, das mit der

Sage von der Weißen Frau verbunden ist. Die Weiße Frau soll einst Burgherrin der Plassenburg in Kulmbach gewesen sein und ihre beiden Kinder ermordet haben. Eine Version der Sage behauptet, sie habe als Buße das Kloster Himmelkron gegründet und sei dessen erste Äbtissin geworden. Nach einer anderen Version bestand das Kloster bereits und die ermordeten Kinder sollen dort begraben sein. Fest steht, dass heute im Kloster und auf

○5 *Highlights* am Wegesrand

Baille-Maille-Lindenallee

Ein Ort von besonderer landschaftlicher Schönheit

Paille-Maille, in England als Pall Mall bekannt, war im 16. und 17. Jh. ein beliebtes Ballspiel und Vorläufer des später verbreiteten Krocket. Viele Städte und historische Parks haben immer noch lange gerade Straßen oder Promenaden, die sich aus den Spielbahnen entwickelten, so auch Himmelkron. 1662 bis 1663 wurde in der Regierungszeit von Markgraf Christian Ernst hier die erste Lindenallee angelegt. Sie war Teil der Veränderungsmaßnahmen, die aus dem ehemaligen Kloster Himmelkron ein Jagdschloss machen sollten und wurde zu ihrer Zeit als die längste und schönste Europas bezeichnet. 1792 wurde die Allee gegen den Widerstand der Bevölkerung von preußischen Soldaten abgeholzt, um den Staatshaushalt zu sanieren, erst 1986 wurden wieder die ersten 160 Bäume angepflanzt. Im Jahr 2016 war die Allee Außenstelle der Landesgartenschau Bayreuth, heute stellen hier sieben Künstler ihre Skulpturen aus, im Sommer findet ein Lindenalleefest statt.

dem umliegenden Gelände ein Wohnheim, eine Tagesstätte und eine Werkstatt für Menschen mit Behinderung untergebracht sind. Der ehemalige Nonnenchor wurde als Stiftskirchenmuseum eingerichtet. Einen Besuch ist auch die **Baille-Maille-Lindenallee** **⦿5** wert.

Wissenswertes im Gepäck 🧳

Plassenburg ob Kulmbach

Wahrzeichen und Vorbild

Vermutlich ließ Graf Berthold II. von Andechs die Plassenburg erbauen, erwähnt wurde sie in jedem Fall erstmals 1135. Die Pläne für die Renaissance-Architektur stammten von Caspar Vischer. Die einstige Hohenzollernfestung hoch über Kulmbach hat eine wechselvolle Geschichte zu verzeichnen, war sie im Laufe der Zeit doch auch Zwangsarbeiterhaus, Zuchthaus und Kriegsgefangenenlager. Heute ist sie das Wahrzeichen der Stadt und beherbergt das Landschaftsmuseum Obermain, das Deutsche Zinnfigurenmuseum, das Museum Hohenzollern in Franken und das Armeemuseum Friedrich der Große. Diese vier Museen locken mit abwechslungsreichen Sammlungen und spannenden Informationen zur Geschichte der Burg, der Stadt und der Region.

Am Fuße der Schiefen Ebene, der ältesten Steilrampe Europas, liegt das Eisenbahnerdorf Neuenmarkt, dort lässt sich das Deutsche Dampflokomotiv-Museum besuchen. Mitte des 19. Jhs. suchte man nach einer Möglichkeit, den geografisch bedingten Höhenunterschied von 158 m zwischen Neuenmarkt-Wirsberg und Marktschorgast mit der Eisenbahn zu überwinden.

Kurz darauf ist der Luftkurort Wirsberg mit seinen knapp 2.000 Einwohnen erreicht. Seit 2007 ist er Mitglied in der „Internationalen Vereinigung der lebenswerten Städte – Cittaslow", die für eine behutsame Ortsentwicklung, die Stärkung der Regionalkultur sowie die Bereicherung der Lebensqualität steht. Bekannt ist Wirsberg aber vor allem als „1. Hochzeitsdorf der Bundesrepublik", über 2700 Brautpaare gaben sich hier seit 1983 bereits das Ja-Wort. Wirsberg besitzt einen schönen Marktplatz mit historischem Fachwerk-Rathaus, die barocke St. Johanniskirche ist ebenso sehenswert wie die Ruine der Heilingskirche etwas außerhalb bei Neufang. Wer sich eine kulinarische Exklusivität gönnen will, dem sei Herrmann's Romantik Posthotel ans Herz gelegt.

Schließlich erreicht man das am Zusammenfluss von Rotem und Weißem Main gelegene Kulmbach. Die alte Markgrafenstadt ist bekannt als „Stadt des Bieres", besitzt mit der **Plassenburg** aber auch eine der bedeutendsten Renaissancebauten Deutschlands. Die Altstadt von Kulmbach hat aufgrund ihrer beinahe totalen Zerstörung im Bundesständischen Krieg 1553 nur wenige mittelalterliche Bauten vorzuweisen, stilbildend sind die Bürgerhäuser der Renaissance und des Barock. In der Brauerei im Mönchshof wird seit über 600 Jahren Bier gebraut. Neben einer Gaststätte und einem Biergarten sind hier auch das Bayerische Brauereimuseum, das Bäckereimuseum und das Deutsche Gewürzmuseum untergebracht.

Realisiert wurde dies schließlich durch eine neue Idee aus Amerika, wo es gelungen war, Lokomotiven mit Drehgestellen und gekuppelten Antriebsrädern zu entwickeln, die enge Kurven und starke Steigungen befahren konnten. Die Trassierung der Strecke erforderte eine Reihe von Kunstbauten, die bis dahin ohne Vorbild waren und die Schiefe Ebene bis heute einmalig und zum Prototypen für folgende Gebirgsstrecken machten. So wurden später etwa die Semmering- oder die Gotthardstrecke nach gleichen Grundsätzen gebaut.

Lohnenswerter Schlenker 4

Naturpark Fichtelgebirge

Natürliche Faszination in Franken

Die Weißmainquelle und Bad Berneck liegen gerade noch im Naturpark Fichtelgebirge, den man somit auf dem Weg entlang des MainRadwegs nur streift. Dafür ist die Landschaft des Naturparks allerdings viel zu schön, weshalb man nach Möglichkeit einen Abstecher einplanen sollte.

Das hufeisenförmig zwischen Thüringischem Wald, Frankenwald, Oberpfälzer Wald und der Fränkischen Alb gelegene Fichtelgebirge bietet auf engstem Raum eine fantastische Vielfalt unterschiedlichster Landschaften und beeindruckender Naturschönheiten.

Extrem verwitterte Felstürme, urwüchsige Höhenwege und oft von rauen Winden umtoste Mittelgebirgsgipfel auf der einen, liebliche Uferwege und Talwanderungen zu großen Seen und idyllischen Weihern auf der anderen Seite eröffnen ein breites Spektrum an Eindrücken und Er-

lebnissen. Viele Gipfel und Felsen des Fichtelgebirges sind besteigbar, mit Steiganlagen bzw. Aussichtstürmen versehen, so etwa der 1.051 m hohe Schneeberg oder der 1.024 m hohe Ochsenkopf.

Historischen Überresten und Spuren des Bergbaus begegnen Besucher allerorts. Seit dem frühen Mittelalter wurde Erzbergbau betrieben, abgebaut wurden auch Gold, Zinn und Eisen, Basalt, Diabas und Speckstein. Ortsnamen mit der Endung -hammer zeugen von der Weiterverarbeitung der Metalle in unzähligen Hammerwerken entlang der Flüsse. Im 18. Jh. wirkte Alexander von Humboldt als Initiator und Förderer des Bergbaus mehrere Jahre im Fichtelgebirge, auf seinen Spuren lässt sich heute beispielsweise noch in Goldkronach wandeln.

Nach dem Rückgang des Bergbaus machte sich vor allem die Porzellanindustrie mit dem Zentrum Selb einen Namen, Hutschenreuther und Rosenthal sind weltweit operierende Firmen.

Essen, Trinken & Durchatmen

Ein kulinarischer Abzweig

Alexander Herrmann, aus Rundfunk und Fernsehen bekannter Koch und Autor, betreibt in seinem Herkunftsort Wirsberg das Romantik Posthotel Alexander Herrmann und in diesem das **„Restaurant Alexander Herrmann by Tobias Bätz"**. 2008 wurde das Restaurant vom Guide Michelin mit einem Michelin-Stern ausgezeichnet, seit 2019 darf es sich über zwei Michelin-Sterne freuen. Der Gault Millau gab dem Restaurant 17 von 20 Punkten. Gäste können zwischen zwei unterschiedlichen Menüs wählen, wobei eines der beiden ohne Fleisch und Fisch auskommt. Eine luxuriöse Einkehr, die man wohl nicht nebenher für den kleinen Hunger wählt, aber ein Erlebnis.

Restaurant Alexander Herrmann
Marktplatz 11, 95339 Wirsberg
Tel. +49 9227 20 80
www.alexander-herrmann.de

„Der Kulmbacher Mönchshof" hat neben einfachen Speisen und der Spezialität „Mönchshof Pfefferhaxe" natürlich vor allem Bier zu bieten, Gruppen können moderierte Bierverkostungen buchen. Die von den Mönchen errichteten historischen Räume wurden liebevoll restauriert und eingerichtet. Die klösterliche Anlage hieß seit jeher Gäste willkommen, das Ambiente erinnert daran: Im Erdgeschoss beeindrucken die dicken Mauern und tiefen Gewölbe. Der Biergarten mit den großen, uralten Kastanien und dem weitläufigen Abenteuer-Kinderspielplatz ist von Mai bis September bei schönem Wetter jeweils donnerstags ab 17.00 Uhr geöffnet.

Der Kulmbacher Mönchshof
Hofer Str. 20, 95326 Kulmbach
Tel. +49 9221 805 14
www.kulmbacher-
moenchshof.de

Auf dem Weg in
Gottes Garten

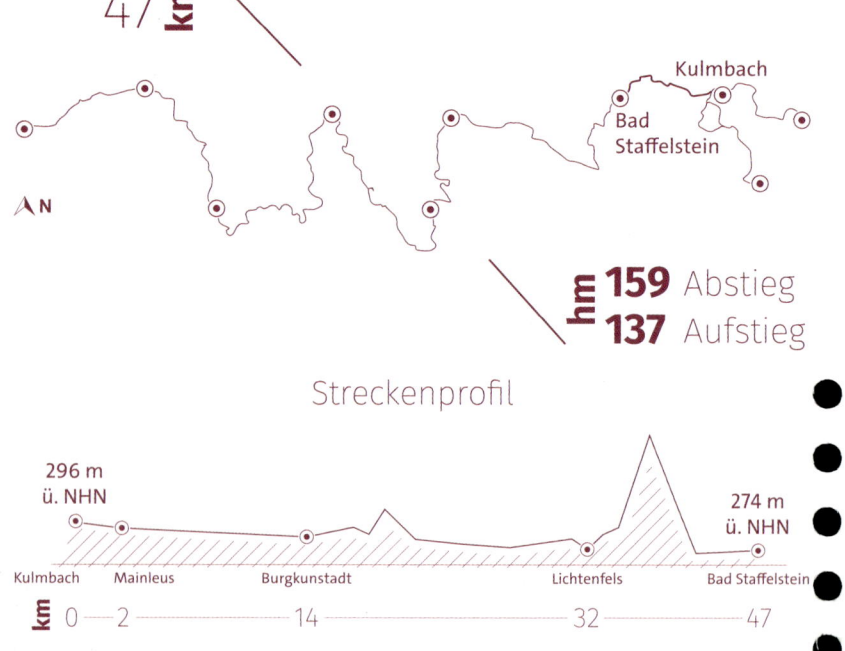

47 **km**

Kulmbach

Bad
Staffelstein

N

hm 159 Abstieg
137 Aufstieg

Streckenprofil

296 m
ü. NHN

274 m
ü. NHN

Kulmbach   Mainleus   Burgkunstadt   Lichtenfels   Bad Staffelstein

km   0 — 2 —————— 14 ————————— 32 ———— 47

Von Kulmbach aus erstreckt sich der MainRadweg noch 516 km lang. Nur zweimal ist im Streckenverlauf mit nennenswerten Steigungen zu rechnen, eine davon hat man bereits in der Quelletappe hinter sich gebracht, die zweite wartet beim lohnenswerten Schlenker nach Vierzehnheiligen kurz vor Bad Staffelstein auf Radreisende, fällt aber mit 110 Höhenmetern nicht allzu kräftezehrend aus. Trotzdem kann es nicht schaden, wenn man den Tag mit einem ausgiebigen Frühstück in Kulmbach beginnen lässt, um die Kraftreserven des Körpers aufzuladen.

Wer am Vortag zu müde war oder einfach keine Lust mehr hatte, der sollte sich vor der Weiterfahrt zumindest das Wahrzeichen der Stadt Kulmbach, die Plassenburg, nicht entgehen lassen, obwohl es natürlich noch einiges mehr zu sehen gibt – glücklich, wer viel Zeit mitbringt!

Startet man schließlich los, so warten bis Bad Staffelstein meist asphaltierte Radwege, Nebensträßchen und kurze Naturwegpassagen, lediglich in Kulmbach und Lichtenfels sowie beim Durchfahren der kleinen Ortschaften gibt es ein wenig Verkehrsberührung.

Bereits 8 km nach Kulmbach erreicht man Mainleus. Der Name bedeutet „Siedlung der Slawischen Sippe der Lubis am Main". Die sich 1813 in Mainleus ansiedelnde Flößerei erwirkte für die Gemeinde einen wirtschaftlichen Aufschwung. Der zur 650-Jahr-Feier im Jahre 1983 errichtete Flößerstein auf dem einstigen Floßanger soll an die Bedeutung der Flößerei für Mainleus erinnern. Mit dem Ausbau des Mains als Großschifffahrtsstraße und durch die Konkurrenz der Eisenbahn wurde die Flößerei in den 1930er Jahren schließlich unrentabel. 1909 begann die industrielle Entwicklung in Mainleus, als eine Spinnerei die Pro-

Highlights am Wegesrand 📷 6

Deutsches Schustermuseum
in Burgkunstadt

*Nur 700 m
abseits
der Route*

1888 wurde die erste mechanische Schuhfabrik gegründet, weitere sollten folgen. In den 1960er Jahren, zur Blütezeit der Schuhindustrie, wurden hier täglich rund 14.000 Paar Schuhe produziert, ehe die Konkurrenz aus den Billiglohnländern die Anfertigung unrentabel machte.

Nachdem das Schusterhandwerk über 100 Jahre wirtschaftlicher Mittelpunkt mit wesentlichem Beitrag zum sozialen Aufstieg der Bewohner von Burgkunstadt war, stellte 1990 die letzte Schuhfabrik die Produktion ein. Im Museum sind heute mehr als 25 Großmaschinen, eine Modellabteilung mit Zuschneiderei und eine Schusterstube aus dem 19. Jh. zu bewundern.

duktion aufnahm und bereits 1912 um das Doppelte erweitert werden musste. Bis in die 1970er Jahre blieb die Textilindustrie der bedeutendste Wirtschaftszweig der Gemeinde, noch heute wird sie im Gemeindewappen durch ein senkrecht stehendes halbiertes Spinnrad dafür geehrt.

Nach weiteren 12 km kommt man durch das Fachwerkstädtchen Burgkunstadt. Die ersten schriftlichen Nachweise über eine Besiedelung an diesem Ort stammen aus dem Jahr 741. Schnell entwickelte sich Burgkunstadt bedingt durch seine Lage an Handelsstraßen und am schiffbaren Main zur Handelsstadt. Bis 1990 war es zusammen mit Pirmasens rund 100 Jahre lang das Zentrum der deutschen Schuhindustrie. Es lohnt daher ein Besuch im **Deutschen Schustermuseum** 📷 6, das 1986 gegründet wurde. Hier geben zahlreiche Exponate Einblick ins Schusterhandwerk. Auch der viergeschossige Bau des Rathauses auf den Resten der Burgkunstadter Burg ist sehenswert, am dritten und vierten

Stock lässt sich kunstvolles Fachwerk aus dem Jahr 1690 bewundern.

Bevor man Lichtenfels erreicht kommt man am kleinen Michelau in Oberfranken vorbei. Hier lohnt ein Besuch des **Deutschen Korbmuseums** 👀**7** , das nur wenige Hundert Meter abseits der Radroute liegt.

Lichtenfels besitzt seit 1231 das Stadtrecht und wird als „Deutsche Korbstadt" bezeichnet. Ab Mitte des 19. Jhs. avancierte es zum Zentrum des Korbhandels, 1904 wurde eine Korbfachschule eröffnet. Hier fanden auch Flechtkurse für Frauen statt, die die Körbe häufig in Heimarbeit herstellten. Das um 1555 errichtete Stadtschloss fungiert heute als Veranstaltungs- und Tagungsort und ist unterirdisch durchzogen von einem weitverzweigten Höhlensystem, das teilweise über 500 Jahre alt ist und das man im Rahmen einer Führung erkunden kann.

Bad Staffelstein erreicht man schließlich teils über die **Porzellanstraße**. Die Stadt liegt ebenso wie **Vierzehnheiligen** 👀**8** und **Kloster Banz** 👀**9** im „Gottesgarten am Ober-

Lohnenswerter Schlenker 🔭 7

Deutsches Korbmuseum

in Michelau in Oberfranken

Seit 1934 besteht das Museum, heute werden in 26 Schauräumen fast 2.000 Exponate aus aller Welt präsentiert. So findet man Stücke der Feinflechttechnik, Arbeitskörbe, japanische Tempelvasen und geflochtene Ballonkörbe ebenso wie Kinderwagen, Obstkörbe und Designersessel. In der Hauptbesuchszeit von April bis Oktober finden in den Veranstaltungsräumen jeden Samstagnachmittag

Vorführungen statt. Die besten Korbflechter aus der Region zeigen dabei die verschiedenen Techniken des Flechtens, den Umgang mit Materialien und das Spiel mit Formen und Farben.

main". Den Marktplatz dominieren das dreigeschossige Fachwerk-Rathaus und der Stadtturm, das Bahnhofsgebäude aus dem Jahr 1845 steht unter Denkmalschutz. 1975 wurde hier Bayerns wärmste Thermalquelle in über 1000 m Tiefe erschlossen, 1986 eröffnete das Thermalsolebad.

Die Porzellanstraße

Tischkultur in Bayern und Tschechien

Auf die Porzellanstraße trifft man immer wieder, so etwa in Bad Staffelstein, Lichtenfels, Bamberg und Bayreuth. Sie führt vom Fichtelgebirge durch das Stiftland und den Oberpfälzer Wald, die Fränkische Schweiz und den Steigerwald über das Obere Maintal-Coburger Land in den Frankenwald und das Bayerische Vogtland bis in den Kaiserwald im benachbarten Tschechien, wo in Horní Slavkov die erste Porzellanfabrik Böhmens gegründet wurde. Auf dem Weg trifft man auf Spezialmuseen, kostbare Sammlungen, Werksverkäufe und erfährt Interessantes über die Herkunft, Geschichte und Kunst des Porzellans.

Lohnenswerte Schlenker

Entlang des Weges

Vierzehnheiligen
Wallfahrt und Bier

1445 sei einem Schäfer ein weinendes Kind erschienen, 1446 dann vierzehn Kinder, die sich ihm als Nothelfer zu erkennen gaben und eine Kapelle forderten. Als kurz darauf eine Wunderheilung nach Anrufung der vierzehn Nothelfer bekannt wurde, begann man mit der Errichtung der Kapelle, deren Altar bereits 1448 geweiht wurde. Tausende strömten daraufhin jährlich zur Wallfahrt nach Vierzehnheiligen, darunter Kaiser Friedrich III., Ferdinand I. und Albrecht Dürer.

Mit dem Bau der Basilika wurde schließlich Mitte des 18. Jhs. nach Plänen von Balthasar Neumann begonnen, um der stets steigenden Menge an Wallfahrern gerecht zu werden. 1772 erfolgte die feierliche Einweihung der Barock-Rokkoko-Kirche.

Heute führt der rund 250 km lange Fränkische Jakobsweg an der Wallfahrtsbasilika vorbei, jährlich besucht etwa eine halbe Million Men-

schen Vierzehnheiligen, teils wohl auch, um das Vierzehnheiliger Bier der Brauerei Trunk in der Klosterbrauerei zu genießen.

🚗9 Kloster Banz

Ursprünglich als Burg hoch über dem Maintal angelegt, wurde Banz um 1070 zum Kloster umgewidmet. 1814 übernahm Herzog Wilhelm die Anlage, es entstanden die Petrefaktensammlung und die Orientalische Sammlung. Heute gehört das ehemalige Benediktinerkloster der Hanns-Seidel-Stiftung und dient als Tagungsstätte. Das Museum umfasst neben der Geschichte des Klosters die erwähnten Fossilien- und Orientalischen Sammlungen. Darüber hinaus zeigen wechselnde Sonderausstellungen zeitgenössische Kunst (Malerei und Skulpturen).

Essen, Trinken & Durchatmen

Ein kulinarischer Abzweig

Das „**Eiscafé am Markt**" in Lichtenfels liegt direkt am Marktplatz, in den Sommermonaten lassen sich von den kleinen Tischen am gepflasterten Platz aus gemütlich die Flaneure und das geschäftige Treiben beobachten, während man sich einen Eisbecher, einen Kuchen oder ein Stück Torte gönnt. Auch Frühstück und kleine Snacks werden angeboten. Ein Eis lässt sich übrigens hervorragend mit einem kleinen Stadtrundgang in Lichtenfels verbinden, bereits vom Café aus sind Teile der ehemaligen Stadtbefestigung sichtbar, die noch gut erhalten sind, so etwa der Kronacher Torturm (Oberes Tor), das Bamberger Tor (Unteres Tor) und der Rote Turm.

Eiscafé am Markt
Marktplatz 16, 96215 Lichtenfels
Tel. +49 9571 758 36 75

Dem Restaurant „**Das rot**" in Burgkunstadt ist ein Hotel angeschlossen, was einem Besuch als reiner Speisegast aber natürlich nicht im Wege steht. Es liegt etwas abseits im Stadtteil Gärtenroth in ländlicher Umgebung inmitten weitläufiger Natur. Geboten werden in geschmackvollem Ambiente etwa Dry-Aged-Steak- und Burger-Spezialitäten sowie traditionelle Küche mit modernen Einflüssen. Eine Besonderheit stellt das selbst gebraute Hausbier „rot Sud" dar. In den Sommermonaten lässt es sich im Biergarten speisen und trinken. Montag und Dienstag Ruhetag.

Das rot
Mainrother Str. 11
96244 Burgkunstadt/Gärtenroth
Tel. +49 9229 973 56 10
www.das-rot.de

Über die Domstadt ins

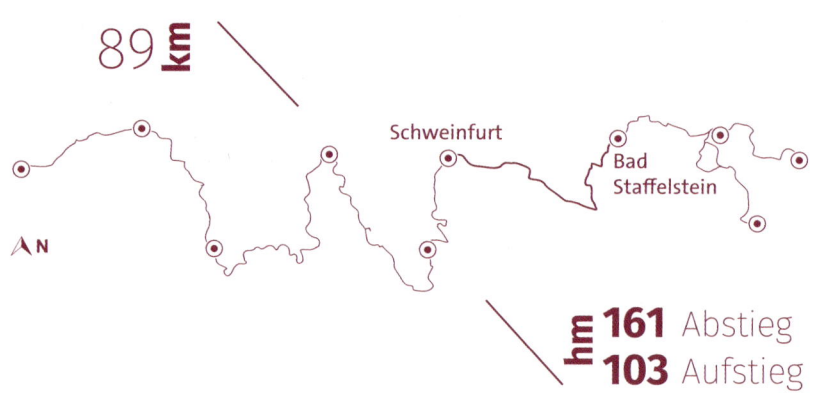

89 **km**

Schweinfurt

Bad
Staffelstein

N

hm **161** Abstieg
103 Aufstieg

Streckenprofil

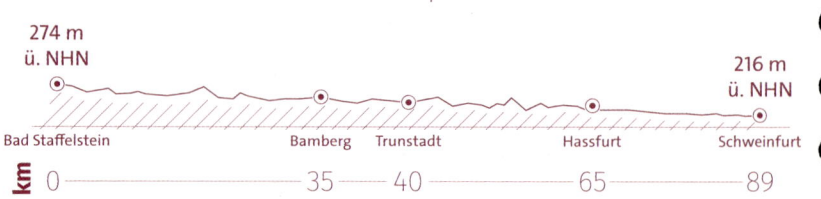

274 m
ü. NHN

216 m
ü. NHN

Bad Staffelstein   Bamberg Trunstadt   Hassfurt   Schweinfurt

km 0 —————————— 35 — 40 —————— 65 ———— 89

Weingebiet

Auf der Strecke zwischen Bad Staffelstein und Schweinfurt warten hauptsächlich asphaltierte Radwege, Nebensträßchen und einige gekieste Strecken auf die Radfahrer. Es geht durch eine schöne Auenlandschaft und ein seenreiches Gebiet und natürlich nicht zuletzt durch die bekannte Bierstadt Bamberg. Doch zunächst lässt man Bad Staffelstein hinter sich, fährt stets in der Nähe des Mains bis Ebensfeld, um dann entlang zahlreicher Baggerseen Zapfendorf und Rattelsdorf zu erreichen.

Im Markt Rattelsdorf mit seinen rund 4.600 Einwohnern lässt sich um Kirch- und Marktplatz ein historisches und schön renoviertes Fachwerkensemble bewundern sowie der spätmittelalterliche Torturm mit seiner barocken Kuppel. Der berühmte Bildhauer Ferdinand Tietz schuf 1765 die Marienstatue, die auf dem Rattelsdorfer Marktplatz steht.

Vorbei an Breitengrüßbach und Kemmern geht es weiter nach Hallstadt, dessen Besiedlungsursprung durch Ausgrabungen bis 5000 Jahre v. Chr. belegt werden kann. Der Ort geht nahtlos in Bamberg über, das weit mehr als nur die bekannte Bierstadt ist.

Bamberg liegt am nordöstlichen Ausläufer des Steigerwalds nahe der Mündung der Regnitz in den Main. Zwischen den beiden Flussarmen – der rechte wurde zum Main-Donau-Kanal ausgebaut – liegt die sogenannte Inselstadt. Die Stadt wurde auf sieben Hügeln erbaut, Vorbild der mittelalterlichen Städteplaner war Rom. Diese geografischen Besonderheiten trugen dazu bei, dass Bamberg heute auch als „Klein-Venedig" bezeichnet wird. Seit 1993 trägt die Universitätsstadt das Prädikat „UNESCO-Weltkulturerbe" und sieht man sich die Liste der Sehenswürdigkeiten an, so durch-

Lohnenswerter Schlenker 🚲10

Kaiserdom Bamberg

„Basilica minor" des Erzbistums Bamberg

An der Stelle, wo heute der Bamberger Dom St. Peter und St. Georg steht, stand ursprünglich die Burgkapelle der Baben- burg. Der spätere Kaiser Heinrich II. erbte sie von seinem Vater, Heinrich dem Zänker. Vermutlich bereits im Jahr 1002 gab Heinrich II. den Auftrag zum Bau des Heinrich- doms, seines Zeichens Vorgängerbau des heu- tigen Bamberger Doms.

Im Jahr 1007 gründeten Heinrich und seine Ge- mahlin Kunigunde das Bistum Bamberg, sieben Jahre später wurde Hein- rich in Rom zum Kaiser gekrönt. Bereits 1012, nur unglaubliche 10 Jahre nach Baubeginn, wurde der erste Dom ge- weiht, er sollte im Laufe der Jahrhunderte mehr- mals niederbrennen und wieder aufgebaut wer- den.

Der dritte Bau, der so- wohl Stilelemente der Spätromanik und Früh- gotik aufweist, hat bis heute überdauert. Heu- te ist der Bamberger Dom mit seinen vier Türmen das beherr- schende Bauwerk des Weltkulturerbes Bam- berg. Im Inneren findet man den mysteriösen „Bamberger Reiter", den Marien- oder Weih- nachtsaltar von Veit Stoß

und das Papstgrab von Clemens II. Es ist das einzige erhaltene Grab eines Papstes nördlich der Alpen. Sehenswert ist außerdem das Hochgrab des Kaiserpaares Kunigunde und Heinrich II., das von Tilmann Riemenschneider aus poliertem Solnhofener Kalkstein geschaffen wurde. Durch das Grab entwickelte sich der Dom im Mittelalter zu einem Wallfahrtszentrum, später stand Bamberg gar mit Trier oder Aachen auf einer Stufe als bedeutender Wallfahrtsort.

Die östlichen Türme beherbergen zehn Kirchenglocken, im Nordostturm, dem sogenannten Heinrichsturm, hängen die „Kunigundenglocke" und die „Heinrichsglocke", die restlichen acht Glocken sind im Südostturm untergebracht. Zu den Viertelstunden ertönt ein Bim-Bam-Schlag auf den Glocken „Georg" und „Maria". Die vollen Stunden werden zuerst auf der „Heinrichsglocke" geschlagen und im Anschluss auf der „Apostelglocke" wiederholt.

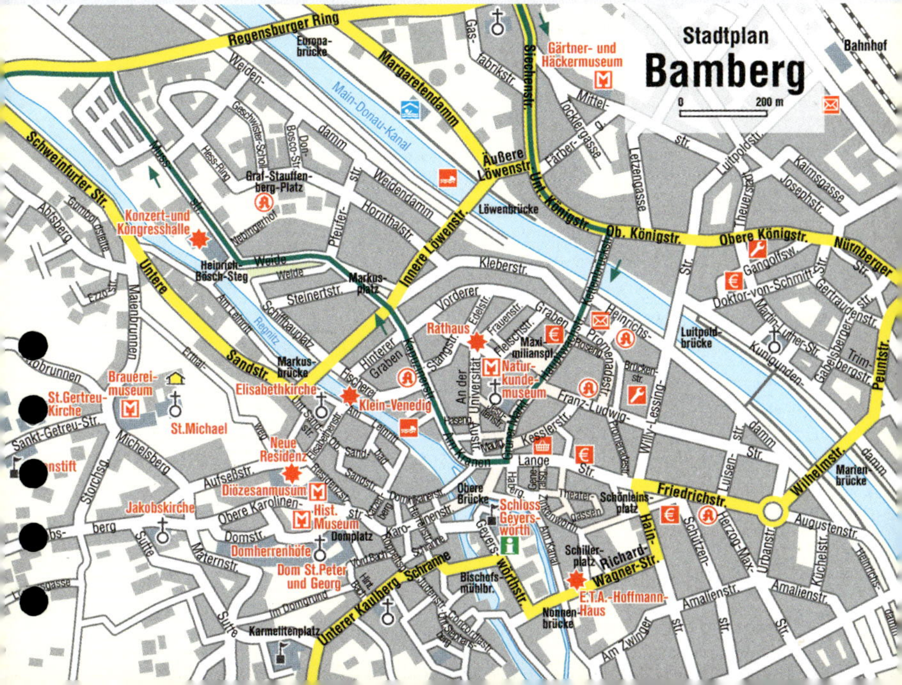

Stadtplan
Bamberg

aus zu recht. Der viertürmige **Dom** 👟10, mehr als zehn Theater, eine Vielzahl an Museen und der größte unversehrt erhaltene historische Stadtkern Deutschlands sind nur eine kleine Auswahl dieser Auflistung. Die mit rund 78.000 Einwohnern größte Stadt Oberfrankens hat mit den 1946 von ehemaligen Mitgliedern der Deutschen Philharmonie in Prag und Musikern aus Karlsbad und Schlesien gegründeten Bamberger Symphonikern ein Orchester von Weltruf und ist bekannt für das E.T.A.-Hoffmann-Theater und das Internationale Künstlerhaus Villa Concordia. Die Neue Residenz, das Erzbischöfliche Palais, das Alte Rathaus und die ehemalige Kaiserpfalz sind nur einige der rund 1.200 Baudenkmäler, die Bamberg aufzuweisen hat.

Aus wirtschaftlicher Sicht bedeutend ist für Bamberg seit Langem der Anbau von Gemüse und von Samen der Süßholzwurzel. Der Anbau der letzteren ist bereits für das Jahr 1536 belegt, im 16. und 17. Jh. wurden jährlich bereits rund 30 Tonnen der Wurzeln geerntet. Das enthaltene Glycyrrhizin hat eine 150-mal stärkere Süßkraft als Zucker, es wird heute noch in der Herstellung von Lakritze eingesetzt. Von ehemals 400 Gärtnereibetrieben sind circa zwanzig verblieben, mit nach wie vor großen Anbauflächen inmitten der Stadt. Die Bamberger tragen nebenbei bemerkt noch immer den Spitznamen „Dswiebldreedä", was für „Zwiebeltreten" steht. In den Bamberger Sandböden gedeihen Speisezwiebeln besonders gut, zur gegebenen

Zeit werden seit alters her die jungen Zwiebeltriebe umgetreten, um damit das Knollenwachstum zu fördern. Sehenswert zu diesem Thema ist das **Gärtner- und Häckermuseum** 👟11, das man erreicht, indem man gleich nach Passieren der 1913 geweihten Ottokirche in Bamberg links 300 m der Mittelstraße folgt.

Natürlich trugen seit dem Mittelalter auch die vielen Bierbrauereien zum wirtschaftlichen Aufschwung Bambergs bei, die ältesten von ihnen führen ihre Geschichte bis in das 13. und 14. Jh. zurück. Erhalten sind

Gärtner- und Häckermuseum in Bamberg

Als Bamberg 1993 den Titel „Welterbe" erhielt, wurde das auch mit der einmaligen Kulturlandschaft der innerstädtischen Gartenflächen begründet, das Museum zollt diesem Umstand Tribut. Untergebracht in einem typischen Gärtnerhaus aus dem Jahr 1767 lädt das Freilichtmuseum mit den Gartenanlagen dazu ein, das Gärtnerdasein um 1900 kennenzulernen. Daneben sind die Vielfalt der Gemüse- und Kräuterarten sowie Arbeitsgeräte und religiöse Bräuche dokumentiert.

Das Drudenhaus
und seine dunkle Geschichte

Malefizhaus, Hexenhaus oder Hexengefängnis wurde das 1627 von Fürstbischof Johann Georg II. Fuchs von Dornheim erbaute Drudenhaus auch genannt. Egal welchen Namen man ihm gibt, seine Geschichte bleibt stets dieselbe. Auf dem Höhepunkt der Hexenverfolgungen wurden dort rund 30 Gefangene in 26 Einzelzellen und zwei etwas größeren Zellen eingesperrt, ehe sie auf dem Scheiterhaufen verbrannt wurden. Zum Drudenhaus in Bamberg gehörte ein Foltergebäude, die sogenannte „Peinliche Frag". Unter Folter wurden den Menschen Geständnisse und Namen angeblicher anderer Hexen und Magier abgepresst. Denunziationen genügten, um andere in den Kerker und auf den Scheiterhaufen zu bringen. Das nebenstehende Bild zeigt Schloss Geyerswörth, wo der berüchtigte „Hexenbrenner" Fuchs von Dornheim lebte, das Drudenhaus selbst wurde um 1635 abgerissen, auch sonst erinnert im Bamberger Stadtbild nichts Historisches mehr an diese schreckliche Zeit.

heute noch neun völlig eigenständige Brauereigaststätten, in denen vierzig unterschiedliche Biersorten gebraut werden, so etwa das bekannte „Schlenkerla Rauchbier" im Schlenkerla. Obwohl auch Kulmberg sich als „Bierhauptstadt" Deutschlands rühmt, steht der Titel aus Sicht der Bamberger eindeutig Bamberg zu.

Im 16. und 17. Jh. war das ehemalige Hochstift Bamberg eines der Hauptzentren der Hexen- und Zaubererverfolgung in Süddeutschland. Bis 1631 wurden in drei Wellen über 880 Personen der Hexerei oder Zauberei angeklagt und hingerichtet. Maßgeblich dafür verantwortlich war etwa der Bamberger Fürstbischof Johann

Georg II. Fuchs von Dornheim, genannt der „Hexenbrenner", der auch 1627 das **Drudenhaus** erbauen ließ.

Entlang der Regnitz verlässt man schließlich das Stadtgebiet von Bamberg und kommt an Bischberg vorbei nach Viereth-Trunstadt. Viereth, erstmals 911 urkundlich erwähnt, gehörte ursprünglich zum Kloster Michelsberg des Hochstifts Bamberg und damit ab 1500 zum Fränkischen Reichskreis, seit 1803 wie weite Teile Frankens zu Bayern. Trunstadt hingegen war Eigentum einer Familie von Rieneck und fiel erst 1806 an Bayern. Die heutige Gemeinde entstand 1978 durch die Eingliederung der Gemeinde Trunstadt in die Gemeinde Viereth. Ein schönes Ambiente empfängt Besu-

Lohnenswerte Schlenker

Entlang des Weges

⬭12 Wallburg
bei Eltmann

Hoch über Eltmann thront der besteigbare Turm der Wallburg, der eine Rundumsicht auf das Maintal, die Haßberge und den Steigerwald bietet. Die Burg wurde 1303 erstmals erwähnt, 1525 wurde sie im Zuge der Bauernkriege zerstört und anschließend wiederaufgebaut. Nachdem das Hochstift 1777 den Amtssitz in den Saalhof in der Stadt verlegt hatte, diente das Burggebäude als Steinbruch. Heute existieren nur noch ein rekonstruierter Brunnen, der Graben, der Bergfried und zwei kleine Teile der äußeren Wehrmauer.

⬭13 Kirche Maria Limbach

Die Wallfahrtskirche wurde Mitte des 18. Jh. im Auftrag des Würzburger

cher in Trunstadt mit seinem Schlossensemble, dem Kirchenumfeld und dem Dorfplatz. Außerdem sehenswert sind der Barockbau der Pfarrkirche „St. Petrus und Marzellinus" in Trunstadt und das Rathaus in Viereth. Auch die 1925 nach einer Bauzeit von rund vier Jahren in Betrieb genommene Staustufe Viereth mit einer Fallhöhe von 6 m ist einen kleinen Abstecher wert, ehe es weiter geht durch Roßstadt und Dippach.

Vorbei an der Wagnerbrauerei in Eschenbach rollt man schließlich weiter in das Städtchen Eltmann. Der Ort besteht seit 640 und besitzt seit 1335 das Stadtrecht, der Ortsname bedeutet „bei dem alten Main" und drückt damit die Lage des Ortes an einem Flussarm des Mains aus. Charakteristisch für Eltmann sind das Rathaus und die katholische Pfarrkirche St. Michael und Johannes der Täufer, die um 1836 nach einem Musterplan von Leo von Klenze erbaut wurde. Der erhaltene Unterbau des gotischen Turms mit Bandrippengewölbe auf Würfelkapitellen stammt aus dem 13. Jh. Der weithin sichtbare Wallburgturm ist ein Überrest der aus dem 13. Jh. stammenden früheren **Wallburg** ⬭12 oberhalb der Stadt.

Bereits kurz nach Eltmann erreicht man Limbach, wo ein Besuch der mächtigen **Wallfahrtskirche Maria Limbach** ⬭13 lohnt, die einen schönen Ausblick hinab zum Main bietet.

Fürstbischofs Friedrich Carl von Schönborn an einer bis ins 15. Jh. zurückgehenden Kult- und Wallfahrtsstätte gebaut. Der spätbarocke Bau wurde nach Entwürfen des Baumeisters Johann Balthasar Neumann errichtet, es sollte eines seiner letzten Bauwerke werden. Die einfache Struktur des einschiffigen Raums wird durch eine reiche Ausstattung ergänzt, original ist auch noch die mechanische Orgel des Würzburger Hoforgelmachers Johann Philipp Seuffert.

Liegt so gut wie direkt an der Route

Lohnenswerter Schlenker 🔭14

Ruine Schmachtenberg

Errichtet wurde die Burg Schmachtenberg um 1420 durch das Hochstift Bamberg, zeitgleich wurde die Zeiler Stadtmauer gebaut. Mehrmals wurde die Burg zerstört, so etwa 1466 durch den Würzburger Bischof und 1525 durch die Bauern. Die Beschädigungen wurden immer wieder repariert. Von 1995 bis 2007 ließ die Stadt Zeil am Main die Burg sorgfältig bauarchäologisch erforschen und sanieren.

Der Schlenker führt durch Weinberge mit Mainblick

Weiter geht es in den Winzerort Sand am Main, der einen Kirchplatz mit schönem Brunnen und dem bronzenen Korbmacher-Denkmal „Sander Raaser" zu bieten hat. „Korbraaser" war der Ausdruck für Korbhändler, ein heute ausgestorbener Berufszweig, der einst von großer Bedeutung für die Menschen der Region war.

Vorbei an Baggerseen geht es schließlich weiter nach Zeil am Main, das gleichermaßen als Bier- und Weinort bekannt ist. Sehenswert sind hier der fachwerkbestückte Marktplatz und die mittelalterliche Stadtbefestigung mit dem Stadtturm sowie die **Ruine Schmachtenberg** 14 etwas abseits der Route.

Über freies Gelände leitet der straßenbegleitende Radweg schließlich nach Haßfurt, hinter den Getreidefeldern beginnen die Weinhügel. Der Ort wurde um 1230 erstmals erwähnt, er diente ursprünglich als Grenzbefestigung zwischen den Bistümern Würzburg und Bamberg. Das Stadtbild wird geprägt durch das Bamberger Tor (der Obere Turm), das Würzburger Tor (der Untere Turm), das Alte Rathaus am Marktplatz, die Pfarrkirche St. Kilian und die **Ritterkapelle St. Maria** 15 aus dem Jahr 1431.

Highlights am Wegesrand 15

Ritterkapelle St. Maria
in Haßfurt

1431 wurde mit dem Bau der Ritterkapelle außerhalb der Stadtmauern begonnen, heute zählt sie zu den ältesten Marienwallfahrtskirchen der Diözese Würzburg und gilt als einer der bedeutendsten gotischen Sakralbauten des Bistums. Eigentlich ist die Ritterkapelle der Heiligen Jungfrau Maria geweiht. Woher dann der ungewöhnliche Name „Ritterkapelle" kommt? Aufgrund der zahlreichen Wappen im und am Chor entwickelte sich diese Bezeichnung. Die Hl.-Geist-Kapelle direkt neben der Ritterkapelle wurde um 1450 als Spitalkirche erbaut, sie birgt einen Flügelaltar aus dem Jahr 1480 mit einer plastischen Pfingstwunder-Darstellung.

Nach Haßfurt geht es stets entlang des Mains vorbei an Würflingen, Obertheres und Untertheres bis zur Schleuse Ottendorf. Vorbei an kleinen Weihern geht es dann nach Gädheim mit seinem im Jahr 1709 erbauten historischen Fachwerkrathaus.

Wissenswertes im Gepäck

Original Schweinfurter Schlachtschüssel

Die Schweinfurter Schlachtschüssel hat eine lange Tradition in Schweinfurt und im Schweinfurter Umland vorzuweisen. In früheren Zeiten hielten Familien oft ein oder zwei Schweine und wenn im Winter eines der Tiere geschlachtet wurde, so war das ein großes Ereignis auch für die Verwandten und Nachbarn. Sie brachten vorsorglich Töpfe mit und hofften, ein bisschen abzubekommen. Waren es keine Würste, die man bekam, so wenigstens etwas von der Brühe, in der die Würste und der Schweinskopf gesiedet wurden.

Die Mischung aus Blut- und Leberwurst, Siedfleisch, Sauerkraut, Kren und Bauernbrot wird Schlachtschüssel genannt, wobei die „Schweinfurter Schlachtschüssel" keine übliche Schlachtplatte, sondern eher ein Fest in einer großen, geselligen Tafelrunde ist. Getrunken wird zur Schlachtschüssel üblicherweise Frankenwein, oft wird vor dem Essen ein Schlachtschüssellied angestimmt. Der Ablauf erfolgt gemäß überlieferten Ritualen, es wird nicht von Tellern, sondern von langen Holzbrettern direkt auf dem Tisch gegessen, jeder nimmt sich was er möchte.

Die Schweinfurter Schlachtschüssel steht üblicherweise nicht auf der Speisekarte, sondern wird an besonderen Tagen für Gruppen angeboten.

Zwischen Gädheim und Schonungen lohnt ein kulinarischer Abstecher ins Gasthaus „Vier Jahreszeiten" in Schonungen-Forst. Hier bekommt man eine **Original Schweinfurter Schlachtschüssel**, deren Genuss in dieser Region beinahe ein Muss ist.

Wenig später erreicht man Schonungen und radelt durch die Schonunger Bucht. Hierbei handelt es sich um einen Komplex aus sieben entlang des Mains liegende Seen. Vorwiegend sind dies Baggerseen, in einem kleinen Bereich auch Überreste des Altmains, der

durch den westlichen Rand der heutigen Bucht floss, entlang einer hier steil zum Maintal abfallenden Anhöhe.

Und dann gelangt man auch schon in die protestantisch geprägte Stadt Schweinfurt, die sich im Gegensatz zu den katholischen Zentren Würzburg und Bamberg im Stil der Renaissance präsentiert. Die Industriemetropole und Hafenstadt am Main, die inmitten von Rhön, Steigerwald und Haßbergen liegt, wurde 791 erstmals urkundlich erwähnt und gehört zu den ältesten Städten Bayerns, seit über 1.000 Jahren

wird hier Weinbau betrieben. Weltbedeutende Erfindungen stammen aus Schweinfurt, so etwa das Tretkurbel-Fahrrad von Philipp Moritz Fischer und die Rücktrittbremse von Ernst Sachs. Die Industrialisierung der Stadt begann mit dem Jahr 1770 und der chemischen- und Farbenindustrie. Die bis heute durchgängige 250-jährige Industriegeschichte wies keine Phasen der Deindustrialisierung auf, was eher ungewöhnlich ist. Die Mitarbeiterzahl

der metallverarbeitenden Großfirmen stieg bis zum Beginn des Zweiten Weltkriegs stetig an, nach dem Krieg florierte die Wirtschaft weiter. Heute ist die Kernstadt von Schweinfurt stark multikulturell geprägt, hat eine rege kulturelle Szene und ein abwechslungsreiches Nachtleben zu bieten.

Das Alte Rathaus am Marktplatz inmitten der Altstadt gilt als Glanzleistung der profanen deutschen Renais-

Highlights am Wegesrand 16

Georg-Schäfer-Museum
in Schweinfurt

Das im Jahr 2000 eröffnete Museum Georg Schäfer in Schweinfurt ist von nationaler Bedeutung, vergleichbar mit der Alten Nationalgalerie in Berlin und der Neuen Pinakothek in München. Der Bau gilt als architektonisches Meisterwerk von Volker Staab, der sich schön in die historische Umgebung der Altstadt einfügt. 2011 wurde das

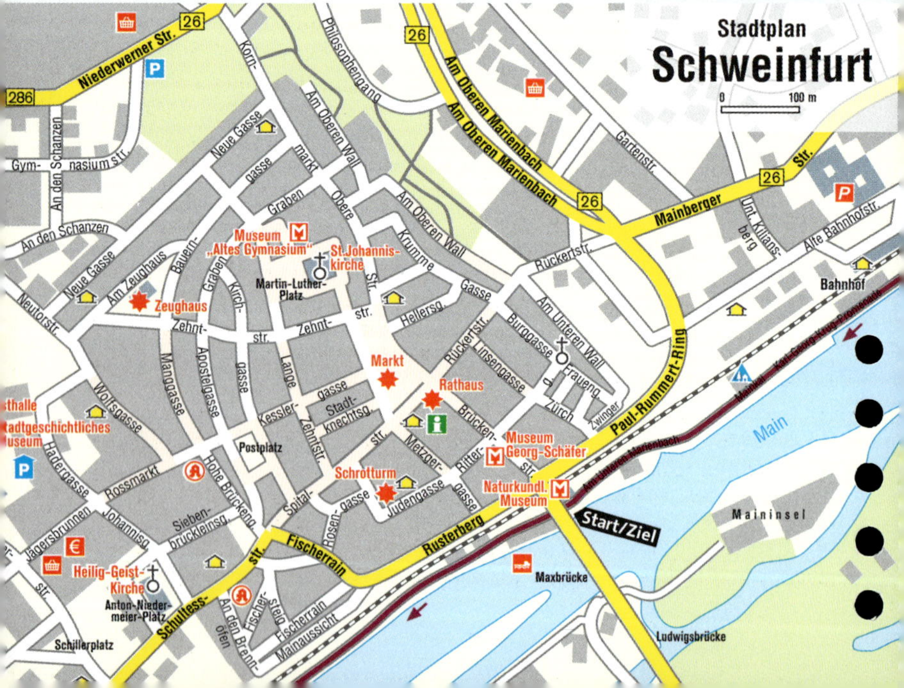

Stadtplan
Schweinfurt

0   100 m

Museum in die Liste der 200 Höhepunkte deutscher Kultur-Reiseziele aufgenommen – einen Besuch dürfte es also allemal wert sein.

Angelegt wurde die hier gezeigte Sammlung ab den 1950er Jahren vom Schweinfurter Großindustriellen und Sammler Dr.-Ing. e.h. Georg Schäfer (1896–1975).

Die gezeigten Werke konzentrieren sich nicht auf einzelne Malschulen oder Kunstzentren, sondern ermöglichen einen Überblick über nahezu alle Kunstbewegungen im deutschsprachigen Raum.

Dazu zählt auch die Wiener Kunst, welche mit dem Fin de Siècle ins 20. Jh. hineinragt. Zu den herausragenden Stücken des Museums zählen aufgrund ihrer kunsthistorischen Bedeutung etwa Franz Pforrs Gemälde „Sulamith und Maria", Caspar David Friedrichs „Abend an der Ostsee" oder Adolph Menzels „Cercle am Hof Kaiser Wilhelm I."

Mit der weltweit größten Sammlung seiner Werke ist Carl Spitzweg vertreten: 160 Gemälde und 120 Zeichnungen, darunter „Der Bücherwurm" und „Der abgefangene Liebes-

brief". Die Romantiker bilden mit über vierzig Werken einen weiteren Schwerpunkt der Sammlung.

Die Graphische Sammlung des Museums umfasst rund 4.650 Zeichnungen in den unterschiedlichsten Techniken, 180 Skizzenbücher und ca. 200 Druckgraphiken.

In den Kunstlichtsälen im ersten Obergeschoss finden Wechselausstellungen statt.

Es gibt eine Museumsbuchhandlung und ein Café, das Museum ist montags geschlossen.

sance und ist das Wahrzeichen der Stadt. Errichtet wurde es zwischen 1570 und 1572 nach Plänen des Architekten Nickel Hoffmann, den Zweiten Weltkrieg überstand das Gebäude weitgehend unbeschädigt. Nach dem Krieg wurde eine große Freitreppe vom Rathausinnenhof zum Sitzungssaal und Standesamt an das Alte Rathaus angefügt.

Unbedingt einplanen sollte man einen Besuch im **Museum Georg Schäfer** 📷16 und wer noch Kräfte übrig hat, kann einen Abstecher in das rund 5 km südöstlich von Schweinfurt gelegene kleine **Gochsheim** 🚲17 wagen.

Die beschauliche 6.500-Seelen-Gemeinde liegt rund fünf Kilometer südöstlich von Schweinfurt. Gegründet wurde der Ort wohl um 500 n. Chr. Stolz ist man hier nach wie vor auf den Titel eines ehemals kaiserlich unmittelbaren und freien Reichsdorfs. Sehenswert ist die Gochsheimer Kirchenburg mit der St.-Michaels-Kirche. Es handelt sich hierbei um eine der ältesten erhaltenen Kir-

> „Nichts ist
> vergleichbar mit der
> einfachen Freude,
> Rad zu fahren."

John F. Kennedy

Lohnenswerter Schlenker 17

Gochsheim

Schöne Landschaft und altes Brauchtum

chenburg-Anlagen Frankens, die 1511 erbaute Kirche ist nach dem Erzengel Michael benannt. In den Kirchgaden („Gaden" bezeichnet in der Architektur ein einräumiges Haus oder eine einzelne Räumlichkeit) ist das Reichsdorfmuseum untergebracht. Das Museum bietet Einblicke in das bäuerliche Leben der letzten Jahrhunderte und in die Gochsheimer Geschichte. Eine Fahrradsammlung zeigt einen Überblick über die Geschichte der Fahrradentwicklung vom Lauf- über das Hochrad bis zum Niederrad mit Kettenantrieb, während die Büttner- und Setzerwerkstatt Einblick in die Buchdruckergeschichte von Gutenberg bis ins 20. Jh. gibt.

Einen Abstecher wert sind auch das unter Denkmalschutz stehende Schwebheimer Tor mit seinem Fachwerkobergeschoss aus dem Jahr 1739 und der Lehrgarten „Kräuter, Kraut und Rüben". Lange Zeit florierte in Gochsheim der Gurken- und Zwiebelanbau, der Schau- und Lehrgarten macht diese Vergangenheit wieder lebendig.

Seit 2016 ist das Gochsheimer Friedensfest mit dem Plantanz immaterielles UNESCO-Kulturerbe, dabei wird der Wiedererlangung der Reichsfreiheit 1649 gedacht.

Essen, Trinken & Durchatmen

Ein kulinarischer Abzweig

Eine sehr lange Tradition hat die historische Rauchbierbrauerei **„Schlenkerla"** in Bamberg. Mitten in der Altstadt, zu Füßen des Doms, liegt das „Haus zum blauen Löwen", das erstmals 1405 urkundlich erwähnt wurde. Heute wird das Wirtshaus bereits in sechster Generation von der Familie Trum geführt und ist bekannt für das „Aecht Schlenkerla Rauchbier". Das Malz wird im „Schlenkerla" noch selbst hergestellt, die Reifung findet in den Felsenkellern aus dem 14. Jh. unterhalb der Brauerei statt und das Rauchbier wird nach alter Tradition noch aus Eichenholzfässern gezapft.

Das Gasthaus **„Vier Jahreszeiten"** in Schonungen-Forst, das sich bereits seit über 160 Jahren im Familienbesitz befindet, ist in einem der ältesten und schönsten Fachwerkhäuser von Forst untergebracht. Die Gasträume sind in traditionell fränkischem Stil eingerichtet. In der angeschlossenen Hausmetzgerei werden regelmäßig fränkische Wurstspezialitäten hergestellt, in den Wintermonaten von Oktober bis März wird die kulinarische Spezialität der Region, die „Original Schweinfurter Schlachtschüssel" vom Brett auf traditionelle Art und Weise aufgetischt.

Rauchbierbrauerei Schlenkerla
Dominikanerstraße 6
96049 Bamberg
Tel. +49 951 560 60
www.schlenkerla.de

Gasthaus Vier Jahreszeiten
Forster Hauptstraße 4
97453 Schonungen-Forst
Tel. +49 9727 348
www.gasthaus4jahreszeiten.de

Durch Winzerdörfer und historische Städtchen

57 km

Schweinfurt

Kitzingen

N

269 Abstieg
237 Aufstieg
hm

Streckenprofil

216 m
ü. NHN

184 m
ü. NHN

Schweinfurt · Wipfeld · Vogelsburg · Dettelbach · Kitzingen

km 0 —————— 17 ———— 28 ————————————— 53 —— 57

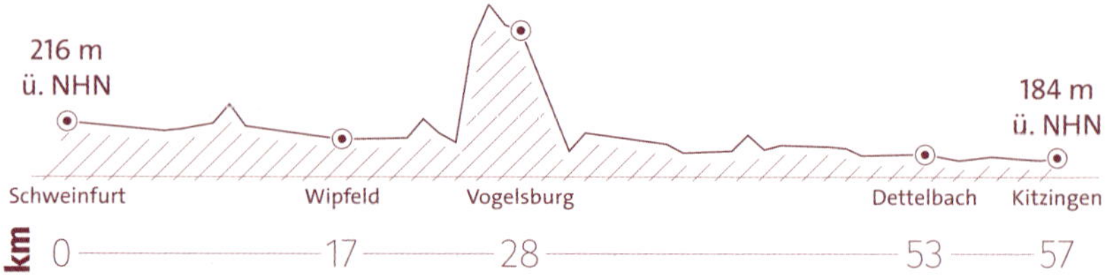

Richtung Süden

Aus Schweinfurt hinaus radelt man auf der Gutermannpromenade vorbei an Industriedenkmälern wie dem gusseisernen Handdrehkränen und dem Regulierwerk des ehemaligen Walzenwehres. So lässt man diese Stadt mit ihrem Industriecharme hinter sich und schon bald danach bestimmen Weinreben das Landschaftsbild.

Kurz nach Schweinfurt verläuft die Radroute entlang der rund 5.000-Einwohner-Gemeinde Bergrheinfeld, von den Garstadter Steilhängen grüßen bereits die ersten Weinberge am Beginn der Mainschleife. Der kleine Ort dürfte um das Jahr 800 entstanden sein, erste Besiedlungen lassen sich jedoch bereits für 2900 bis 2200 v. Chr. nachweisen. Die Lage des Dorfes zwischen Schweinfurt und Würzburg sowie die Nähe der befestigten Reichsstadt hatten zur Folge, dass Bergrheinfeld die vielen kriegerischen Ereig-

nisse im Frankenland unmittelbar zu spüren bekam. Heute findet jedes Jahr nach den Pfingstferien die Bergrheinfelder Kulturwoche mit Musik-, Theater- und Literaturveranstaltungen im und um das 1986 renovierte Zehnthaus statt.

Entlang von Feldern geht es dann weiter nach Garstadt, das noch zu Bergrheinfeld gehört. Auf der gegenüberliegenden Mainseite liegen das **Naturschutzgebiet Garstadter Holz** und das **Naturschutzgebiet Vogelschutzgebiet Garstadt** mit seiner Erweiterung.

Vorbei an Feldern und Weingärten passiert man Dächheim und gelangt nach Wipfeld, von wo aus man mit der Mainfähre ans andere Ufer übersetzt. Im Ortsteil St. Ludwig bestand von 1811 bis 1901 das Mineralbad Ludwigsbad, dessen Grundlage fünf Schwefelheilquellen bildeten. Nach

Wissenswertes im Gepäck

Naturschutzgebiete um Garstadt

Vom über Heidenfeld erreichbaren Parkplatz am Vogelschutzgebiet Garstadter Seen und der seit 2001 ausgewiesenen Erweiterung des Vogelschutzgebietes Garstadt aus lässt sich auf dem 4,8 km langen Rundweg das 230 ha große Naturschutzgebiet erleben, das Mitte der 1970er Jahre als Ausgleichsfläche für den Bau des nahen Kernkraftwerkes entstand. Das Gebiet wurde ursprünglich als Sand- und Kiesabbaugebiet genutzt, wodurch eine Seenplatte mit Feuchtgebieten, Auwäldern, Wiesen und Schilfflächen entstand.

Vom rasch erreichten Aussichtsturm aus hat man einen schönen Überblick über die Seen, Schilf- und Baumlandschaft. Vogelfreunden und Naturfotografen bieten sich schöne Motive. Im Blickfeld liegen der Wehrsee, der Kleidersee, der Bananensee, der Vordere, Mittlere und Hintere Lakensee ebenso wie der Schleiersee und den Ohesee.

Die Fauna wird repräsentiert durch Silberreiher, Kormorane, Haubentaucher, Eisvögel und die ewig schnatternde Schnatterente. Wer Glück hat bekommt einen Fischadler zu Gesicht.

Insgesamt brüten hier 107 Vogelarten, 102 der 278 gezählten Arten stehen auf der Roten Liste. Direkt an das Vogelschutzgebiet grenzt das seit 1982 bestehende Naturschutzgebiet Garstadter Holz. Der Hartholz-Auwald ist ein wichtiges Schutzgebiet für die heimische europäische Schwarz-Pappel. Beim Erkunden der Schutzgebiete ist unbedingt zu beachten, dass die markierten Wege nicht verlassen und natürlich keine Blumen mitgenommen werden dürfen.

Ende des Kurbetriebs wurde das Bad zum Benediktinerkloster umgebaut und ein Gymnasium eingerichtet, ab 1906 wurde die Klosterkirche zur Heiligen Familie gebaut. 1963 übernahmen Franziskanerinnen St. Ludwig, heute ist hier ein Mädchenheim untergebracht.

Highlights am Wegesrand

Museum für Militär- und Zeitgeschichte

in Stammheim

Das private Museum wurde 1994 gegründet und zeigt heute mehr als 250 Rad-, Ketten- und Luftfahrzeuge des 19. und 20. Jhs., die Ausstellung schlägt einen Bogen von der napoleonischen Ära über die Konflikte des 20. Jh. bis hin zum Fall der Mauer. Neben deutscher wird vor allem russische und US-Militärtechnik gezeigt, aus dem Ersten Weltkrieg wurde eine Bunkeranlage mit Schützengraben originalgetreu nachgebaut, auch eine alte Dorfschmiede und ein historisches Feuerwehrgerät sind zu bewundern.

Bereits kurz darauf ist Stammheim erreicht, gleich am Ortsbeginn lädt das **Museum für Militär- und Zeitgeschichte** zu einem Besuch ein. Der Ortsteil von Kolitzheim ist der größte Weinbauort im Landkreis Schweinfurt, beste Voraussetzungen bieten dafür die Muschelkalkböden mit einer feinen Sandauflage sowie die Lage in der Maingauklimazone, die zu den wärmsten Deutschlands gehört. Bereits für die Jungsteinzeit um 5000 v. Chr. ist an dieser Stelle eine Siedlung nachweisbar, seit dem Frühmittelalter wird hier Weinbau betrieben. Jedes Jahr Ende Juli findet das Stammheimer Straßenweinfest fest.

Zwischen Weingärten und dem Main geht es weiter nach Fahr. Hier empfiehlt es sich, die Route zu verlassen, um mit der Mainfähre ans andere Ufer überzusetzen und die kurze Strecke von rund 8 km zur **Vogelsburg** zu radeln.

Zurück von dieser kleinen Exkursion in Fahr geht es linksseitig des Mains weiter vorbei am Baggersee Volkach bis nach Volkach. Bevor man den Ort selbst erreicht, bietet sich erneut ein kleiner Abstecher an. Das lohnenswerte Ziel liegt dieses Mal nur bescheidene 200 m abseits der Route.

Lohnenswerter Schlenker

Burg
Vogelsburg in Escherndorf

Im Volkacher Ortsteil Escherndorf liegt inmitten von Weinbergen die Vogelsburg. Der Ort war bereits in der Altsteinzeit besiedelt und wurde in der Folge von verschiedenen Kulturen als Siedlungsstelle genutzt. In der Bronzezeit wurde die markante Stelle an der Mainschleife schließlich in eine Befestigung und im 13. Jh. in ein Kloster des Karmelitenordens umgebaut, heute ist die Stiftung Juliusthal Würzburg Eigentümer der Anlage. Nach umfangreichen Renovierungen und Umbauten entstanden Tagungsräume und ein Hotel. Von der ursprünglichen, frühmittelalterlichen Burganlage sind noch einige Abschnittswälle erhalten, Mittelpunkt der Anlage ist die Kirche Mariä Schutz mit dem Dachreiter aus dem 18. Jh., auch Bildstöcke und Kleindenkmäler aus dem 17. Jh. sind erhalten.

Lohnenswerter Schlenker

Wallfahrtskirche Maria im Weingarten

Malerisch führt der Wallfahrtsweg durch Weingärten und Rebhänge auf die Kuppe des Volkacher Kirchbergs vor den Toren der alten Weinstadt Volkach. In exponierter Lage über dem Main thront hier die spätgotische katholische Wallfahrtskirche „Maria im Weingarten". Ihre Ursprünge sind nicht bekannt, doch man nimmt an, dass sie im 10. und 11. Jh. Urpfarrkirche der Siedlungen an der Mainschleife war.

Seit dem späten 14. Jh. wird der Ort von Gläubigen aufgesucht, ursprüngliches Ziel war eine handgeschnitzte Pietà aus der Zeit um 1370.
Heute besuchen auch viele Kunstinteressierte

die einschiffige Hallen-
kirche, um die berühmte
„Maria im Rosenkranz"
von Tilman Riemen-
schneider zu bestau-
nen. Das unterhalb des
Chorbogens hängende
Schnitzwerk der etwa
1,8 m großen Madonna
mit dem Kind im Arm
war das letzte Marien-
bild des Künstlers und
1642 verantwortlich für
die Gründung einer Ro-
senkranzbruderschaft.

Die katholische **Wallfahrtskirche
Maria im Weingarten** 👓20 ist den
kleinen Umweg wert. Das zwischen
Weinhängen liegende Volkach hat
zwischen dem Oberen Sommeracher
Tor und dem Unteren Gaibacher Tor
eine Altstadt mit schönem Marktplatz
und vielen Fachwerkbauten aufzuweisen, deren Ursprünge bis ins 13. Jh.
zurückverfolgt werden können. Das
Renaissance-Rathaus mit der doppel-
läufigen Außentreppe, die in einen
mit Fachwerk verzierten Erker mündet, stammt aus dem Jahr 1544. Weite Teile der Umgebung von Volkach
einschließlich Teile des Mains sind als
Landschaftsschutzgebiet und Naturschutzgebiet ausgewiesen.

Highlights am Wegesrand 🔘 21

Abtei Münsterschwarzach

Benediktinerkloster mit langer Geschichte

Die Abtei Münsterschwarzach gehört zu den bedeutendsten Benediktinerklöstern in Deutschland. Gegründet um das Jahr 780 von Fastrada, der vierten Gattin Karls des Großen, als Frauenkloster, wurde es Ende des 9. Jhs. von den Benediktinern übernommen. Ab 1727 errichtete der Würzburger Hofbaumeister Balthasar Neumann eine barocke Basilika, es war die dritte Abteikirche des Klosters. Nach Abbruch und Verfall infolge eines Großbrandes 1828 errichtete das Oberzeller Unternehmen Koenig und Bauer eine der ersten Papierfabriken Deutschlands in der ehemaligen Klostermühle. 1914 wurde schließlich die Wiedererrichtung des Klosters beschlossen. Die imposante viertürmige Anlage war der größte während der NS-Zeit errichtete Kirchenbau in Deutschland. Der als Buchautor bekannte Anselm Grün war bis 2013 Cellerar der Abtei. Heute gehören etwa 115 Benediktiner zum Konvent, die Mönche bieten Exerzitien, Gesprächsbegleitung und Kurse zur Lebensorientierung und Glaubensvertiefung an und unterhalten Werkstätten und Betriebe zur Herstellung von Klosterprodukten

Kurz nach Verlassen von Volkach überquert man den Mainkanal und erreicht Nordheim am Main auf der Weininsel, die der Mainkanal und der Mainbogen bilden. Vor allem die fränkischen Rebsorten Silvaner und Müller Thurgau werden hier kultiviert. Man umrundet die Maininsel bis Sommerach, überquert erneut den Mainkanal und fährt weiter in Richtung Süden nach Schwarzach am Main, wo man an der **Abtei Münsterschwarzach**  vorbeikommt.

Nach neuerlicher Mainquerung gelangt man nach Dettelbach. Die mit 52 Türmen und fünf Stadttoren fast vollständig erhaltene mittelalterliche Stadtbefestigung macht zusammen mit den schmalen Gassen und den

Stadtplan
Kitzingen

0   100 m

vielen Fachwerkhäusern den gesamten Altstadtbereich zu einem eindrucksvollen Ensemble. Das historische Rathaus wurde zwischen 1484 und 1512 im spätgotischen Stil erbaut, später mehrmals umgebaut und 1990 schließlich umfassend renoviert und originalgetreu restauriert. Im 1550 erbauten Faltertor ist das Kolping- und Handwerksmuseum untergebracht. Es bietet nicht nur einen herrlichen Ausblick über Dettelbach, sondern auch Einblicke in die Handwerksgeschichte der Schuster, Wachszieher, Büttner, Zimmerer, Sattler und Schmiede.

Weiter rechtsseitig entlang des Mains passiert man Mainstockheim und ge-

Helau!
Helau!

langt schlussendlich nach Kitzingen. 745 wurde die Gründung der Stadt gefeiert, urkundlich nachgewiesen wurde eine Siedlung erstmals 1040. In Kitzingen wurde 1482 das 1. Fränkische Weingesetz gegen die Weinpanscherei beschlossen. Sehenswert sind die von Balthasar Neumann geschaffene Kreuzkapelle im Stadtteil Etwashausen, der Falterturm, der wegen seiner krummen Haube ein Wahrzeichen der Stadt ist und die Alte Mainbrücke. Auch ein Besuch der Stadtkirche ist interessant, ist sie doch die größte evangelische Kirche in Unterfranken. Freunden des närrischen Treibens bietet sich ein Besuch im **Deutschen Fastnachmuseum** an, im Fastnachtland Franken beinahe ein Muss.

Lohnenswerter Schlenker

Deutsches Fastnachtmuseum

Die Fastnacht hat in Franken eine lange Tradition, die Reihe karnevalistischer Höhepunkte ist lang. Die Welt der Narren lässt sich im Museum entdecken und man kann allen Fragen rund um Fasching, Fastnacht und Karneval historisch fundiert und spielerisch auf den Grund gehen. In einem „virtuellen Narrentheater", einer Multi-Media-Show, erzählen Figuren aus verschiedenen Karnevals- und Fastnachtsregionen ihre Geschichte, auch die älteste noch erhaltene Narrenkappe Deutschlands aus dem Jahr 1840 ist zu sehen. Mitmach-Stationen und weitläufige Ausstellungsräume versprechen einen kurzweiligen Museumsbesuch. Kinder und im Herzen Kindgebliebene können sich verkleiden und das Museum mit einem Quiz kennenlernen.

Essen, Trinken & Durchatmen

Ein kulinarischer Abzweig

Ein Schoppen Wein auf der Terrasse inmitten der Weinlagen mit den klingenden Namen „Escherndorfer Lump" und der eigenen Lage „Vogelsburg" der gleichnamigen **„Vogelsburg"** mit fantastischem Blick ist ein nachhaltiges Erlebnis. Der Main schlängelt sich im Tal, bis zum Horizont sind unzählige Weinberge zu sehen und ganz im Hintergrund kann man den Steigerwald erahnen. Auf der Terrasse lässt sich von April bis November speisen und genießen, ganzjährig kann man im Restaurant einkehren. Auf der Vogelsburg wird Wert auf Regionalität gelegt.

Vogelsburg
Vogelsburg 1, 97332 Volkach
Tel. +49 9381 710 89 70
www.vogelsburg-volkach.de

Wo lässt sich wohl besser auf Kaffee und Kuchen einkehren als im **„Conditoreimuseum Kitzingen"**? Am Kitzinger Marktplatz sticht die Fachwerkfassade des „Poganietz-Hauses" hervor, eines der ältesten Bürgerhäuser von Kitzingen. Seit 1722 werden an diesem Ort süße Köstlichkeiten hergestellt, seine Geschichte wurde im Museum zugänglich gemacht. Im ersten Stock erwartet die Besucher ein elegantes Café im Wiener Stil. Das gediegene Kirschholz-Interieur und die historischen Raum-Elemente aus der Zeit der Renaissance und des Barock schaffen eine angenehme Atmosphäre.

Conditoreimuseum Kitzingen
Marktstraße 26, 97318 Kitzingen
Tel. +49 9321 92 94 35
www.conditorei-museum.de

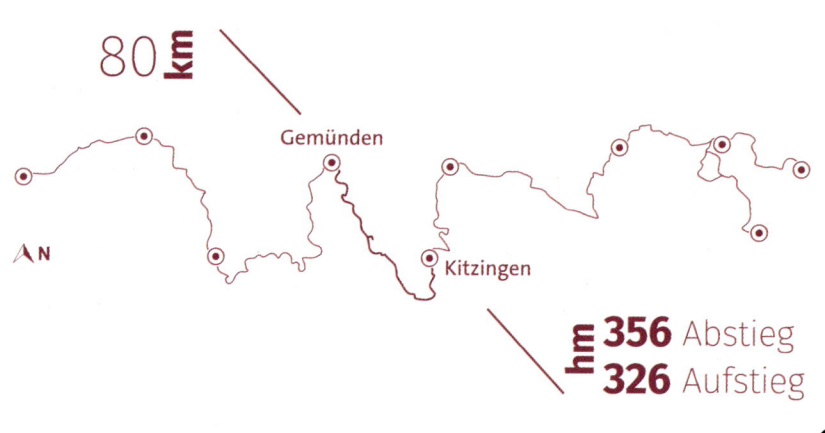

80 **km**

Gemünden

N

Kitzingen

hm **356** Abstieg
326 Aufstieg

Streckenprofil

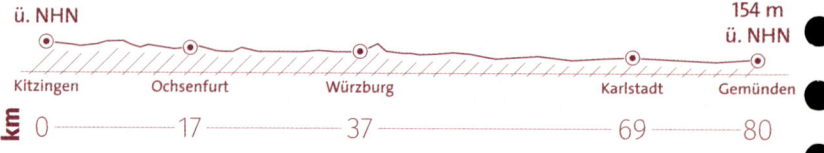

184 m
ü. NHN

154 m
ü. NHN

Kitzingen   Ochsenfurt   Würzburg   Karlstadt   Gemünden

km 0 ———— 17 ———— 37 ———————— 69 —— 80

Auf dem folgenden Abschnitt des MainRadwegs bis Würzburg führen entlang beider Uferseiten überwiegend Rad- und Nebensträßchen, die Hauptroute ist durchgehend asphaltiert und verläuft meist in unmittelbarer Flussnähe. Die Verkehrsberührungen sind minimal, fast alle Orte (auch Würzburg) werden auf Radwegen durch- bzw. umfahren. Auch der weitere Abschnitt bis Gemünden verläuft auf flachen, flussnahen Radwegen durch viel Grün, sonnige Passagen wechseln mit schattigen, baumbestandenen Wegabschnitten ab.

Hinaus aus Kitzingen erreicht man rasch Hohenfeld inmitten ergiebiger Weinfelder und danach Marktsteft. Hier führt die Route an Bayerns ältestem Hafen vorbei, den der Markgraf von Ansbach 1729 erbauen ließ. Tausende Söldner brachen von hier aus im 18. Jh. auf in den Amerikanischen Unabhängigkeitskrieg und später um

an der Seite der Holländer gegen die Truppen Napoleons zu kämpfen.

Wo der Main in Richtung Westen abknickt, hat man den südlichsten Punkt des Mains und Marktbreit erreicht. Von der strategisch günstig gelegenen Mainschleife, von der aus man den kürzesten Weg zur Donau hat, konnte Marktbreit im Laufe der Jahrhunderte profitieren. Kein Wunder ist es also, dass an diesem Ort ein Römerlager nachgewiesen werden konnte. 1266 wurde Marktbreit erstmals urkundlich erwähnt, 1557 wurde das Marktrecht verliehen, der Warenumschlag florierte. Ein Denkmal der reichen Handelsverbindungen ist der Alte Kranen. Der Vorgänger des jetzigen Mainkrans, der in Fachwerkbauweise errichtet worden war, wurde 1784 von einem verheerenden Hochwasser völlig weggerissen. Noch im gleichen Jahr wurde ein neuer Kran errichtet. Der 16 m hohe Rundturm hat einen Durchmesser von 9,2 m. Im Innern des Turmes befindet sich das gut erhaltene originale Doppelräder-Triebwerk aus Eichenholz. Außerdem sehenswert sind das **Museum im Malerwinkel** 🔭23, das Renaissance-Rathaus und das Seinsheimer Schloss mitten in der Stadt.

Wenig später erreicht man Ochsenfurt. Eine weitgehend erhaltene mittelalterliche Befestigungsanlage mit vielen Türmen und drei von ehemals vier Stadttoren prägt die historische Altstadt. Das alte Rathaus der Stadt besitzt einen Pranger, das „neue" (entstanden zwischen 1497 und 1513) Rathaus ein Uhrtürmchen mit Spitzhelm auf dem Dachfirst, dessen Uhrwerk ein Figurenspiel und eine Monduhr antreibt. Die Ursprünge der Steinpfeiler der alten Mainbrücke, über die die Route des MainRadwegs führt, können bis ins Jahr 1200 nachgewiesen werden.

Weiter geht es nun auf der orografisch rechten Seite des Flusses durch grünes Mainauengelände zur Schleuse Großmannsdorf. Rechts über den Häusern ist gut ein imposanter Wehrturm zu erkennen. An steilen Hängen, aufgelassenen Steinbrüchen und durch Weinreben-, Apfel- und Zwetschgenplantagen geht es weiter entlang des Mainufers bis nach Sommerhausen. Das Winzerdorf besitzt eine vollständig erhaltene oder restaurierte Dorfmauer; alle in den verwinkelten Gassen des Dorfkerns liegenden Häuser weisen eine mehrhundertjährige Geschichte auf. Das

Rathaus stammt aus dem 16. Jh. Über die Ortsgrenzen hinaus bekannt ist das im Torturm untergebrachte Torturmtheater, das der bekannte Schauspieler und Regisseur Veit Relin 1975 übernahm und das bis heute mit seinem Namen verbunden ist.

Nachdem man Sommerhausen passiert hat erreicht man kurz darauf Eibelstadt, wo ein Besuch des Heimatmuseums lohnt, ehe es weiter nach Würzburg geht.

Lohnenswerter Schlenker 👓 23

Museum
im Malerwinkel

Warum „Malerwinkel"? Weil schon unzählige Maler hier ihre Staffelei aufgebaut haben, um das idyllische Fleckchen auf die Leinwand zu bannen. Bis in die 1950er wurde es allerdings meist als „Haus am Maintor" bezeichnet. In jedem Fall bildet es zusammen mit dem um 1600 errichteten Maintor ein ansprechendes Ensemble.

Untergebracht ist hier ein Museum mit verschiedenen Schwerpunkten. Die sozial- und kulturhistorische Dauerausstellung „Frauen-Zimmer" gibt Einblick in das Alltagsleben und die Lebensgeschichten von Frauen verschiedener sozialer Schichten und Konfessionen Ende des 19. und Anfang des 20. Jhs. Das auf archäo-

logischen Grabungen basierende „Römerkabinett" im Erdgeschoss stellt hingegen das 1985 entdeckte Römerlager in den Mittelpunkt und macht das Alltagsleben der römischen Legionäre nachvollziehbar. Ergänzt wird das Angebot durch regelmäßig wechselnde, kunst- und kulturgeschichtliche Sonderausstellungen.

Lohnenswerte Schlenker

in Würzburg

⚲24 Würzburger Residenz

Die Würzburger Residenz und der Hofgarten wurden 1981 als erstes bayerisches Kulturdenkmal von der UNESCO zum Weltkulturerbe ernannt. Sie wurde ab 1720 nach Plänen von Balthasar Neumann erbaut, aus ganz Europa kamen die berühmtesten Architekten, Bildhauer, Maler und Stuckateure ihrer Zeit in Würzburg zusammen, um an dem Großprojekt zu arbeiten. Besonders sticht das Treppenhaus heraus, das als bautechnische Meisterleistung gilt. Überspannt wird es von einem 600 m² großen freien Gewölbe, das von G. B. Tiepolo mit dem größten je gemalten zusammenhängenden Deckenfresko verziert wurde. Nach Abschluss der Bauarbeiten wurde der Hofgarten von Johann Prokop Mayer angelegt. Er teilte das Areal auf in einen Ostgarten, den Südgarten und das Areal der Gärtnerei.

⚲25 Festung Marienberg

Das imposante Wahrzeichen der Stadt thront etwa 100 m über dem Main. Von hier hat man den besten Überblick über die ganze Altstadt und ihr unmittelbares Umfeld. Ursprünglich handelte es sich um eine Fliehburg der Hallstattzeit, später war die Festung beinahe 500 Jahre lang der Sitz der Würzburger Bischöfe, bis diese in die später erbaute Residenz umzogen.

Im Zeughaus und im Fürstenbau zeigt heute das „Museum für Franken" eine hervorragende Sammlung fränkischer Kunstwerke, darunter die weltberühmten Plastiken von Tilman Riemenschneider.

🚲 26
Dom St. Kilian

Mit dem Bau des Doms St. Kilian, Bischofskirche des Bistums Würzburg, wurde bereits um 1040 begonnen. Mit seiner Doppelturmfassade und einer Gesamtlänge von 105 m ist er das viertgrößte romanische Kirchengebäude Deutschlands. Die am Querhaus angebaute Schönbornkapelle ist eine Schöpfung Balthasar Neumanns. 1945 brannte der Dom völlig aus, die Einweihung nach dem Wiederaufbau fand 1967 statt. Sehenswert sind vor allem der Siebenarmige Leuchter „Menora" im Mittelgang und die von Tilman Riemenschneider stammenden Bischofsgrabmäler an den nördlichen Säulen des Mittelganges. Das Geläut des Doms besteht aus 20 Glocken mit einem Gesamtgewicht von 26 t.

Lohnenswerter Schlenker 27

Schloss Veitshöchheim

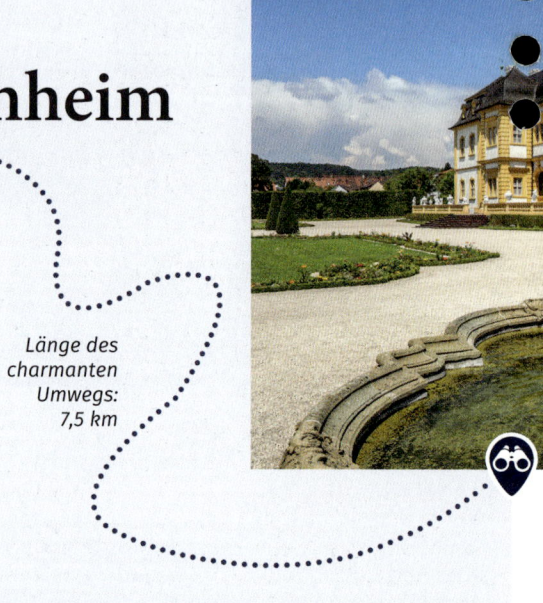

Die beschauliche Gemeinde Veitshöchheim ist weithin bekannt als Übertragungsort der Sendung „Fastnacht in Franken". Im Jahr 779 wurde es erstmals erwähnt, 1246 fand hier die Wahl zum deutschen König statt. Heinrich Raspe ging als Sieger hervor und war damit Gegenkönig zu Kaiser Friedrich II. und dessen Sohn Konrad IV.

Länge des charmanten Umwegs: 7,5 km

Das wahre Juwel des Orts ist der berühmte Rokokogarten mit der dazugehörigen, maßgeblich von Balthasar Neumann gestalteten Sommerresidenz der Würzburger Fürstbischöfe. Das Haus wurde ursprünglich unter Fürstbischof Peter Philipp von Dernbach in den Jahren von 1680 bis 1682 als Schutz nach der Jagd errichtet. Ab 1749 erhielt das Schloss weitgehend sein heutiges Aussehen nach Plänen von Balthasar Neumann. Aus barocker Zeit stammen sämtliche Fußböden, auch Teile der barocken Innenausstattung sind erhalten. Dieser Garten ist in Deutschland einzigartig und sucht auch europaweit seinesgleichen. Die Anlage vermittelt eine anschauliche Vorstellung von der europäischen Gartenbaukunst im 18. Jh. Zwischen Alleen und heckenumsäumten Wegen eröffnen sich immer wieder neue Ausblicke auf Laubengänge, Wasserspiele, versteckte Nischen mit einladenden Bänken, exotische Pavillons und nicht zuletzt auf den großen See mit dem Musenberg Parnass. Etwa 300 Skulpturen bekannter Würzburger Hofbildhauer zieren die Anlage. Der Garten ist täglich geöffnet, der Eintritt ist frei.

 26 sollte man nicht unbesucht lassen. Eine Besonderheit hat man sich für blinde Mitmenschen einfallen lassen: Vor einzelnen markanten Bauwerken wurden Tastmodelle im Stadtgebiet aufgestellt. Sie sind profiliert, aus Metall gefertigt und erleichtern es Blinden, sich eine Vorstellung von den Größenverhältnissen, Innenhöfen, Dachneigungen, Türmen und Zinnen zu machen. Der bekannteste Ehrenbürger der Stadt war übrigens der Physiker Wilhelm Conrad Röntgen, der für seine Entdeckung der Röntgenstrahlen 1901 den ersten Nobelpreis für Physik erhielt.

Mittlerweile wieder am orografisch linken Mainufer passiert man kurz nach Verlassen des Siedlungsgebiets von Würzburg eine hohe Mauer, hinter der sich Kloster Oberzell versteckt. Gegründet wurde es 1128 durch die Prämonstratenser, der berühmte Baumeister Balthasar Neumann schuf den barocken Neubau. Während der Säkularisation wurde die Abtei 1803 aufgelöst, seit 1901 gibt es wieder klösterliches Leben in Oberzell. Heute leben hier Franziskanerinnen. Der Klostergarten zählt mit über 100 verschiedenen Pflanzen zu einem der größten Klostergärten in Deutschland.

Beim Passieren von Zell stößt man auf eine Ausschilderung „Radwegekirche", die zu einem kleinen Abstecher zur Versöhnungskirche einlädt. Vom gleich darauf erreichten Margetshöchheim sollte der kleine Abstecher über den Ludwig-Volk-Steg nach **Veitshöchheim** 27 Ehrensache sein.

Würzburg liegt inmitten von Spessart, Rhön und Steigerwald und ist mit 130000 Einwohnern die größte bayerische Stadt am Main. Im Jahr 704 wurde es erstmals urkundlich erwähnt, Funde lassen allerdings auf eine wesentlich längere Geschichte Würzburgs schließen. Bereits für die Zeit um 1000 v. Chr. ist eine keltische Fliehburg auf dem Marienberg nachgewiesen. Die Stadt besitzt die älteste Universität Bayerns und ist seit dem frühen Mittelalter Bischofssitz. Das durch einen Bombenangriff 1945 stark zerstörte Stadtbild wurde in vielen Bereichen wiederhergestellt, die **Würzburger Residenz** 24 gehört seit 1981 zum UNESCO-Weltkulturerbe. Doch auch die **Festung Marienberg** 25 und den **Dom St. Kilian**

NaturSchauGarten
Main-Spessart

Der NaturSchauGarten Main-Spessart in Himmelstadt möchte dazu anregen, mit dem eigenen Garten einen wertvollen Beitrag zur Erhaltung der Artenvielfalt von heimischen Pflanzen und Tieren zu leisten.

Der naturnahe Lehr- und Schaugarten zeigt, wie man Grünflächen mit wenig Pflegeaufwand bewirtschaften und gleichzeitig wertvollen Lebensraum für Mensch und Tier schaffen kann. Auf rund 800 m² halten vielseitig angelegte Beete Anregungen bereit, Informationstafeln geben Auskunft zu Pflanz- und Baumaterialien, zur Standortwahl, zur Pflege und zum Nutzen für die biologische Vielfalt. Wesentliche Bestandteile der Anlage sind daher heimische und nachhaltige Gehölze, Stauden, Kräuter und regionaltypische Obstsorten. Ein Erlebnis für alle Sinne!

Der NaturSchauGarten ist jederzeit frei zugänglich.

Zurück über den Steg in Margetshöchheim geht es weiter entlang des Mains hinaus aus dem Ort, durch Obstplantagen, Büsche und Bäume vorbei am Erlabrunner Badesee und zur Staustufe Erlabrunn. Dann ist das Wein- und Clematisdorf Erlabrunn erreicht. Man umfährt den Ort, schöne Aussichtsplätze am Main laden immer wieder zu Pausen ein. Es geht entlang von Zeilingen, vorbei an der Klostermühle Himmelstadt und einer weiteren

Schleuse nach Himmelstadt. Mit dem 1. Deutschen Philatelisten-Lehrpfad, einem ökologischen Weinlehrpfad, in dessen Verlauf sich verschiedene Traubensorten verkosten lassen, sowie dem einzigen bayerischen „Weihnachtspostamt" hat der kleine, aber rührige Ort einige Besonderheiten aufzuweisen. Die Route führt hier außerdem direkt am **NaturSchauGarten Main**-**Spessart** 👁28 vorbei – eine Rast drängt sich förmlich auf!

Über freies Ackerland geht es weiter entlang der großen Mainschleifen mit herrlichem Blick in die Weinhänge,

Wissenswertes im Gepäck 🧳

Ruine Scherenburg

Über die Entstehung der Burg ist bekannt, dass Gräfin Adelheid, Witwe Ludwigs II., im Zuge einer Fehde mit dem Würzburger Bischof Hermann I. von Lobdeburg eine Rieneck'sche Burg errichten ließ. Bischof Hermann baute daraufhin über der jetzigen Scherenburg auf der Spitze des Höhenrückens eine weitere Burg, die Slorburg. Im Bauernkrieg 1525 blieb die Scherenburg verschont, bis 1598 war sie Sitz des Amtskellers und bis ins 18. Jh. bewohnbar. In der Burgkapelle, deren Lage nicht mehr feststellbar ist, wurde noch 1732 eine Trauung gehalten. Erst in der zweiten Hälfte des 18. Jhs. begann der Verfall der Anlage. Vom Innern des Burghofes geht der Blick weit hinaus über das Maintal bis zu den ersten Bergen des Spessarts und rechter Hand in das Saaletal hinein. Im Sommer finden im Burghof die Scherenburgfestspiele statt.

ein gut sichtbarer spitzer Kirchturm weist dabei den Weg nach Laudenbach. Vorbei am Schloss mit Biergarten taucht links zunächst ein großer Steinbruch auf, wenig später ist die Ruine Karlsburg zu sehen. Die Kreisstadt Karlstadt wurde 1202 als militärische Anlage gegründet, der schachbrettartige Grundriss des Ortskerns ist heute noch zu erkennen. Die erste urkundliche Erwähnung ist mit 1225 zu datieren, der Stadtnachweis mit dem Jahr 1277. Die auf einem Felssporn thronende Karlsburg wurde während der Bauernkriege 1525 zerstört. Die Ruine kann vom Stadtteil Mühlbach aus bestiegen werden. Neben den „Burglichtspielen" führen zwei schmale Treppen auf einen 500 m langen Waldweg, der stetig ansteigend hinauf zur Ruine führt. Sehenswert sind in Karlstadt außerdem das Europäische Klempner- und Kupferschmiede-Museum, etliche historische Gebäude und das Stadtgeschichtliche Museum.

Nach Karlstadt geht es weiter entlang der Mainpromenade durch viel Grün, etwas entfernt verläuft rechts die Eisenbahn. Man passiert das Kraftwerk Harrbach, an dem sich der Main überqueren ließe, bleibt aber auf der orografisch rechten Mainseite entlang der Mainschleifen. Das Maintal weitet sich nun wieder deutlich. Man passiert den Gemünder Stadtteil Wernfeld, wo der Wern in den Main mündet, und erreicht dann rasch die Ortsmitte von Gemünden mit herrlichem Blick rechts hoch zur **Ruine Scherenburg**. Gemünden, dessen Name vom althochdeutschen Wort „gimundi" abstammt, was „Flussmündung" bedeutet, wird auch „Drei-Flüsse-Stadt"

genannt, mündet hier doch die Sinn in die Fränkische Saale und diese dann in den Main. Die Stadt ist ein staatlich anerkannter Erholungsort, es treffen hier mehrere überregionale Radwege und Fernwanderwege zusammen. Der Marktplatz mit dem Brunnen, dem Rathaus und der Stadtpfarrkirche ist das Zentrum der nach schwerer Kriegszerstörung wiederaufgebauten Altstadt. Von der Stadtbefestigung sind ein Stadttor (das „Mühltor") und zwei Wehrtürme („Eulenturm" und „Hexenturm") erhalten. Sehenswert sind außerdem die **Stadtpfarrkirche St. Peter und Paul** ⊙29 und das **Huttenschloss** ⊙30 mit dem Naturpark-Spessart-Infozentrum.

Highlights in Gemünden

📷 29
Stadtpfarrkirche St. Peter und Paul

Mitten in der Fußgängerzone von Gemünden am Main steht die gotische Stadtpfarrkirche St. Peter und Paul. Ein Vorgänger-bau der jetzigen Kirche konnte bereits für das Jahr 1316 nachgewiesen werden. Aufgrund der wachsenden Bevölkerung musste die kleine Kirche 1468 bis 1488 dem Neubau einer Saalkirche weichen. Im Zuge der Reformation wurde auch in der Grafschaft Rieneck der lutherische Glauben eingeführt, allerdings kam es nach dem Aussterben der Familie Rieneck zur Rekatholisierung. Im Zweiten Weltkrieg wurde die Kirche zerstört, ver-

schont blieben nur die Grundmauern und das Erdgeschoss des Turmes mit dem Kreuzrippengewölbe. Der Wiederaufbau erfolgte 1948 bis 1950 unter Hinzufügung des Seitenschiffs und einer eingeschossigen Tordurchfahrt.

📷 30
Huttenschloss

Das Gebäude mit seinen charakteristisch angesetz-

ten Türmchen wurde 1711 von Amtmann Stern errichtet und ging später in den Besitz der Grafen von Hutten über, einem einflussreichen fränkischen Adelsgeschlecht. Das Huttenschloss wurde schon für die unterschiedlichsten Dinge genutzt, heute findet man hier etwa das Film-Photo-Ton-Museum. Es erzählt die Geschichte der bewegten Bilder von den Kameras über den Filmschnitt bis hin zur Projektion. Im Erdgeschoss findet man das Informationszentrum Naturpark Spessart. Es hält interessante Informationen über Wiesen und Wälder des Spessarts, Tiere des Waldes, heimische Fledermausarten, den Biber u.v.m. bereit.

Essen, Trinken & Durchatmen
Ein kulinarischer Abzweig

Mitten in der historischen Fußgängerzone von Karlstadt findet man das **„Sthoka"**, das spezialisiert ist auf Steaks vom Lavastein-Grill und selbst gemachte Dips. Wie der Name „Steaks & more" schon vermuten lässt, beschränkt sich das kulinarische Angebot aber nicht nur auf Steaks, es werden auch Burger, Fisch und Salate angeboten. Genossen wird hier in modernem aber gemütlichem Ambiente, bei schönem Wetter wird auch auf der Außenterrasse serviert. So lässt sich an lauen Sommerabenden das Altstadttreiben von Karlstadt beobachten. Dienstag Ruhetag.

Sthoka Steaks & more
Hauptstraße 32, 97753 Karlstadt
Tel. +49 9353 985 40 98
www.sthoka-karlstadt.de

Das Restaurant und Weinhaus **„Der Stachel"** gilt mit seiner 600-jährigen Geschichte als der älteste Gasthof Würzburgs. Die Gaststuben, die bereits die Reichsritter Götz von Berlichingen und Florian Geyer sowie Tilman Riemenschneider beehrten, wurden Anfang des 19. Jhs. vom bekannten Bildschnitzer Heinz Schiestl gestaltet. Nach dem Zweiten Weltkrieg war noch so viel von der Bausubstanz vorhanden, dass das Haus wiederaufgebaut werden konnte. Heute wird hier fränkisch-kreativ gekocht.

Fränkisches Restaurant &
Weinhaus Zum Stachel
Gressengasse 1, 97070 Würzburg
Tel. +49 931 527 70
www.weinhaus-stachel.de

Historische Städte, romantische Dörfer

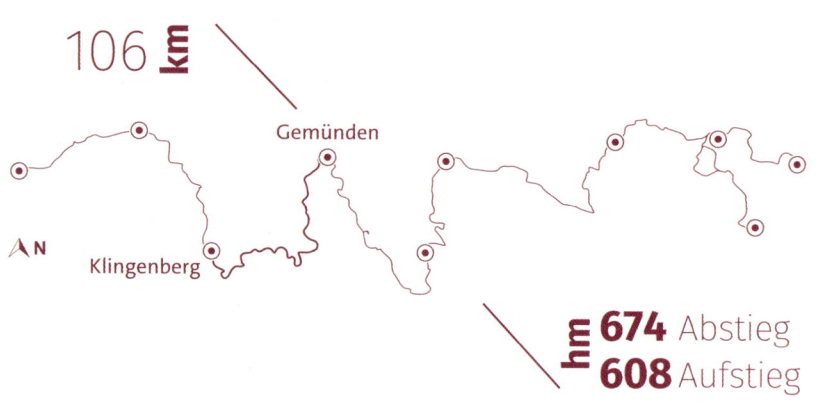

106 **km**

Gemünden

N

Klingenberg

hm **674** Abstieg
608 Aufstieg

Streckenprofil

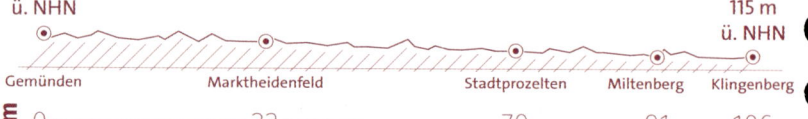

154 m
ü. NHN

115 m
ü. NHN

Gemünden   Marktheidenfeld   Stadtprozelten   Miltenberg   Klingenberg

km 0   33   70   91   106

Die Passage von Gemünden bis Klingenberg verläuft hauptsächlich auf flussnahen und flachen Radwegen durch viel Grün. Streckenweise fährt man entlang der Autobahn, der Radweg ist von dieser meist durch Büsche und Bäume abgetrennt. Direkte Verkehrsberührungen gibt es wenig.

Vom Marktplatz in Gemünden geht es auf der orografisch linken Seite des Mains durch Hofstetten und weiter im Wald durch das Naturschutzgebiet „Graureiherkolonie am Salzberg", in dem allerdings nur mehr selten Graureiher brüten. Man passiert Steinbach und erreicht Sendelbach, von wo aus man unbedingt einen Abstecher in die „Schneewittchenstadt" **Lohr am Main** 🚲31 machen sollte.

Nach dem kurzen Ausflug radelt man weiter linksseitig des Mains, passiert Pflochsbach und gelangt nach Erlach, einem Ortsteil des auf der anderen Flussseite liegenden Neustadt am Main. Das Kloster Neustadt am Main ist heute ein Kloster der Missions-Dominikanerinnen, bereits vor dem Jahr 769 gab es an dieser Stelle ein Benediktiner-Kloster. 1803 wurde es im Zuge der Säkularisation aufgelöst.

Stets mainbegleitend geht es weiter aus Erlach hinaus durch Felder, Wiesen und Wald, vorbei an Zimmern bis nach Marktheidenfeld. Der Ort entstand vermutlich im 8. Jh., 1397 wurde er erstmals als Stadt erwähnt. Zwischen 1522 und 1530 wurde die Reformation eingeführt, ab 1612 regierte die Gegenreformation. Sehenswert ist die aus rotem Sandstein bestehende Alte Mainbrücke. Die imposante Steinbogenbrücke mit einer Länge von rund 190 m wurde 1845 freigegeben. Nur wenige Meter abseits der Route lohnt ein Bummel durch die Altstadt mit ihren historischen Fachwerkbauten und den Marktplatz mit

Lohnenswerter Schlenker 31

Lohr am Main
Märchen trifft Kultur

Inmitten weitläufiger Spessartwälder liegt die Schneewittchenstadt Lohr am Main mit ihren rund 15.000 Einwohnern – umgeben von sieben Bergen und dem Naturpark Spessart.

Die Stadt, die den Beinamen „Das Spessarttor" trägt, wurde vermutlich im 8. Jh. besiedelt. Im Jahr 1333 erhielt der Ort das Stadtrecht und erlebte seine Blütezeit während der Reformation und im 17. Jh. durch die Gründung der kurmainzischen Spiegelmanufaktur. 1875 wurde die Alte Mainbrücke gebaut.

Seit etlichen Jahren wird Lohr als „Schneewittchenstadt" touristisch vermarktet. Die Legende erzählt, dass Schneewittchen 1725 im Schloss zu Lohr geboren wurde. Die untere Altstadt repräsentiert ein geschlossenes Ensemble fränkischer Fachwerkkunst.

Nur ein Katzensprung über den Main

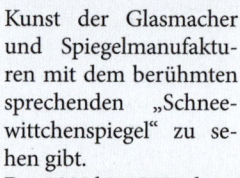

Das Alte Rathaus, ein Renaissancebau mit Arkaden, wurde 1599 bis 1602 erbaut, das Erdgeschoss diente einst als Markthalle. Zu Beginn des 19. Jahrhunderts wurde die offene Halle zu einem geschlossenen Raum umgestaltet.

Dominiert wird der Stadtkern vom Lohrer Schloss, auch „Kurmainzer Schloss" genannt. 1340 legten die Grafen von Rieneck den Grundstein dafür. Der im späten 15. Jh. angelegte Graben und die Schlossmauer sind heute noch gut erhalten. Ab 1599 wurde die Anlage umgestaltet. Heute beherbergt es das Spessartmuseum, wo es unter anderem – aber nicht nur – die

Kunst der Glasmacher und Spiegelmanufakturen mit dem berühmten sprechenden „Schneewittchenspiegel" zu sehen gibt.

Der 1330 bis 1385 erbaute Stadtturm mit dem Namen „Bayersturm" mit seiner vollständig erhaltenen Türmerwohnung gilt als das Wahrzeichen von Lohr. Erklimmt man seine 147 Stufen, wird man mit einem schönen Blick auf das alte Fischerviertel belohnt.

dem Fischerbrunnen. In der Laurentius-Kirche lassen sich wertvolle Gemälde und Fresken bewundern. Auch das 1745 erbaute und reich verzierte „Franck-Haus" in der Untertorstraße sollte man gesehen haben. Die Fassade des barocken Bürgerhauses wurde mit „Smalte" bemalt. Die kobaltblaue Farbe war zur Erbauungszeit die teuerste Farbe überhaupt, im Zuge der Restaurierung wurde sie wiederhergestellt. Im Franck-Haus gibt es wechselnde Kunst- und Themenausstellungen sowie eine Schauschmiede im hinteren Gartenbereich.

In weiterer Folge erreicht man Triefenstein und schließlich dessen Ortsteil Homburg, der direkt an der baden-württembergischen Grenze liegt. Homburg wurde 993 erstmals urkundlich erwähnt und bekam 1366 Stadtrechte. Der Ort liegt inmitten von Weinbergen und ist bekannt für seine Weine. Doch nicht nur der Rebensaft lockt nach Homburg, mit der 200 Jahre alten Papiermühle gibt es hier auch ein ganz besonderes Museum. Das auffällige Haus mit seinem pagodenförmigen Walmdach ist eines der Wahrzeichen des Winzerortes. Seit fünf Generationen wird hier Papier hergestellt, die Energie für den Produktionsprozess liefert ein Wasserrad. Besucher können selbst Büttenpapier schöpfen und erfahren viel Interes-

santes über die alte Handwerkskunst. Weithin sichtbar und ebenfalls einen Abstecher wert ist natürlich das **Fachwerk-Schloss** in Homburg.

Bei der Weiterfahrt passiert man Bettingen und Urphar, durchquert das Naturschutzgebiet Leitenrain und gelangt mit dem Schwung der nächsten Mainschleife nach Wertheim. Am Ortsbeginn lockt bereits das **Museumsschlösschen im Hofgarten** 33 mit einer kulturellen Pause.

Lohnenswerter Schlenker 32

Schloss Homburg

Auf einem markanten Tuffstein-Felsen oberhalb von Homburg steht das gleichnamige Schloss. Das bauhistorische Wahrzeichen Homburgs, einem Ortsteil von Triefenstein, befindet sich seit 1869 im Kommunalbesitz und wird seither vor dem Verfall bewahrt.
Anfang des 8. Jhs. ließen die fränkischen Könige die „Hohenburg" als Verkehrs- und Wirtschaftsstützpunkt an den

Fernstraßen der Zeit errichten. Ende des 10. Jhs. kam die Homburg in den Besitz des Hochstifts Würzburg.
An Stelle der Trutzburg entstand 1568 ein Gebäude mit schlossähnlichem Charakter, damit einher ging für die Burg der Anfang der eigentlichen Amtszeit der Fürstbischöflichen Behörde.
Ende der 1990er Jahre wurden der Stucksaal, die Schlosskapelle sowie die Außenfassade reno-

viert. Heute finden hier Kammerkonzerte und Ausstellungen statt.

Da die Route kurz vor dem Stadtgebiet an das andere Mainufer wechselt, sollte man einen Abstecher in die ehemalige Burgsiedlung andenken. Ihre Ursprünge gehen auf das 12. und 13. Jh. zurück, im Laufe der Zeit wurde das Siedlungsgebiet stets erweitert. Von der Oberburg steht noch der Bergfried, vom Palais ist noch eine Fenstergruppe aus der Stauferzeit erhalten, darunter die zur Wohnburg umgebaute Vorburg. Heute findet man in Wertheim ein denkmalgeschütztes Gesamtensemble, bestehend aus der imposanten Burgruine, mittelalterlichen Gassen, Fachwerkhäusern und vielen erhaltenen Baudenkmälern. Auch die ehemalige Stadtmauer ist noch gut zu erkennen. Der „Spitze Turm" ist ein an der Taubermündung gelegener Stadtmauerturm, der Teil der zwischen 1200 und 1400 errichteten Kernstadtbefestigung war. Eines der wenigen erhaltenen Stadttore ist das Maintor, es verbindet den Marktplatz und die Mainlände. In einem

Highlights am Wegesrand 33

Museumsschlösschen
im Hofgarten bei Wertheim

1777 ließ Graf Friedrich Ludwig das Eicheler Hofgartenschlösschen als Sommerhaus errichten, der Garten wurde 1815 bis 1817 in einen englischen Landschaftspark umgeformt.

Das Rokokoschlösschen dient seit 2006 als Kunstmuseum. Es zeigt eine umfangreiche Sammlung von Gemälden der Berliner Secession, eine wechselnde Auswahl einer Sammlung von klassizistischem Pariser Porzellan sowie Gemälde der Heidelberger Romantiker.

Es gibt einen Weg vom Parkgelände zur Burg Wertheim.

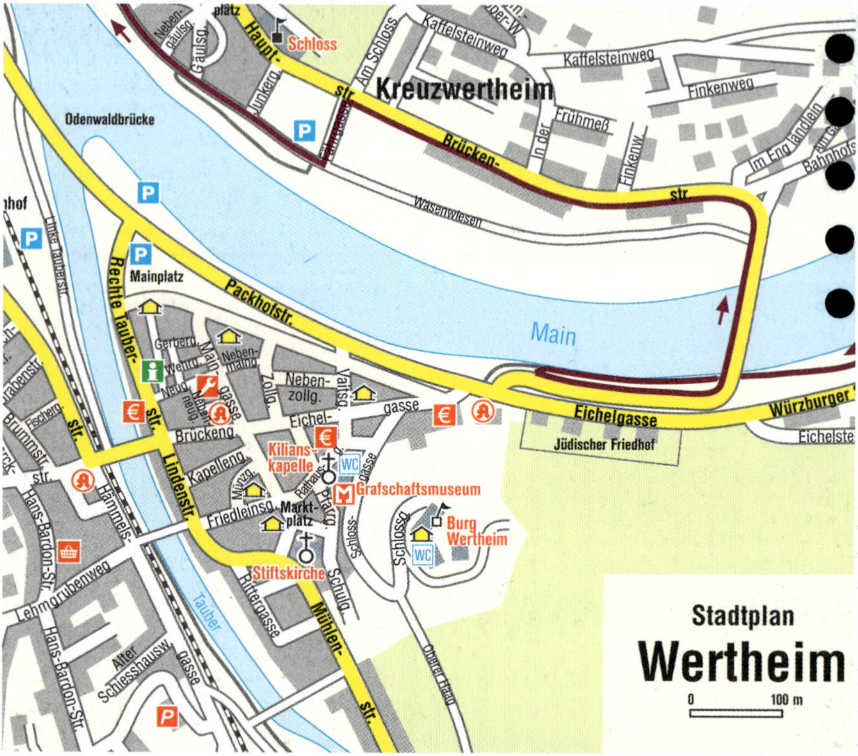

Stadtplan
Wertheim
0
100 m
Schloss
Kreuzwertheim
Odenwaldbrücke
Haupt-
str.
Brücken-
str.
Junkerg.
Gäulsg.
Nebengäulsg.
platz
Am Schloss
Kaffelsteinweg
Kaffelsteinweg
Finkenweg
Frühmeß
In der
Finkenw.
Im Eng.ländlein
Bahnhofs
Wasenwiesen
Main
Mainplatz
Packhofstr.
Rechte Tauber-
str.
Linke Tauberstr.
Gerberg.
Wehrg.
Main-
gasse
Neben-
maing.
Zollg.
Neben-
zollg.
Vattsg.
Eichel-
gasse
Eichelgasse
Würzburger
Eichelste
Jüdischer Friedhof
Brückeng.
Kapelleng.
Neug.
Neben-
neug.
Fischerg.
Brummstr.
Hämmels-
str.
Lindenstr.
Kilians-
kapelle
Grafschaftsmuseum
Rathausg.
Pfarrg.
Münzg.
Friedleinsg.
Markt-
platz
Stiftskirche
Schloss-
gasse
Schlossg.
Burg
Wertheim
WC
WC
Schulg.
Ritterpasse
Mühlen-
str.
Obere Eiseg
Tauber
Hans-Bardon-Str.
Lehmgrubenweg
Hans-Bardon-Str.
Alter
Schiesshausw.
gasse
P

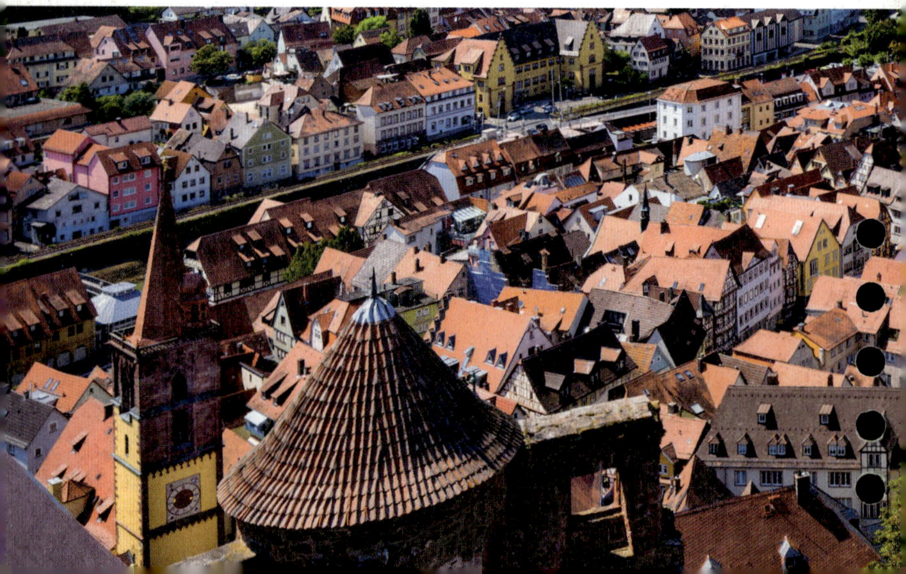

Henneburg

in Stadtprozelten

Lohnenswerter Schlenker 🔭34

Die staufische Höhenburg der Schenken von Limpurg liegt etwa 100 m über Stadtprozelten. Romanische Mauerrelikte zeugen von der frühen Existenz eines Vorgängerbaus, um 1200 wurde die „Burg Prozelten" als Grenzbefestigung errichtet. Die im 14. und 15. Jh. zu einer Festung ausgebaute Burg ist heute eine der größten Burgruinen Bayerns, die dank laufender Erhaltungs- und Renovierungsarbeiten noch gut erhalten ist und ganzjährig besichtigt werden kann. In den Sommermonaten sind die Aussichtsplattformen beider Bergfriede frei zugänglich und bieten einen herrlichen Blick auf das Maintal, Stadtprozelten, den Odenwald und Teile Wertheims.

schönen Fachwerkhaus ist das Glasmuseum untergebracht, in dem man vom ägyptischen Luxusglas bis zum heutigen Laborglas alles findet und Glasbläser bei ihrer Arbeit beobachten kann. Das Grafschaftsmuseum unweit des Marktplatzes befindet sich in einem Gebäudekomplex aus dem 16. Jh. Darin untergebracht ist auch das Otto-Modersohn-Kabinett. Nur einen kurzen Spaziergang davon entfernt steht die evangelische Stiftskirche St. Marien. Das als Radwegekirche ausgewiesene Gotteshaus stammt aus dem Jahr 1384 und beherbergt die Wertheimer Madonna aus dem Jahr 1329 und hat eine Sonnenuhr. Im Bibliotheksanbau aus dem Jahr 1448 werden etliche mittelalterliche Handschriften und frühe Drucke aufbewahrt.

Nach dem Wertheim-Abstecher geht es kurz vor der Stadt auf die andere Mainseite nach Kreuzwertheim. Die

Besiedlung der Gemarkung mit heute knapp 4.000 Einwohnern geht bis in die Steinzeit zurück, was Steinbeilfunde belegen. Die ursprünglich romanische evangelische Kirche dürfte in ihren Anfängen bis in die Zeit der Einführung des Christentums zurückreichen. Sie war eine aus Findlingssteinen erbaute Kapelle und wurde

Rechts des Flusses geht es dann weiter vorbei an Hasloch und Faulbach nach Stadtprozelten. Das kleine Städtchen wird überragt von der **Ruine der Henneburg** . Der mittelalterliche Charakter von Stadtprozelten zeigt sich besonders in den schönen Fachwerkhäusern und dem historischen Rathaus aus dem Jahre 1520.

später in verschiedenen Bauabschnitten verändert und vergrößert. In diesem Kirchlein befindet sich ein wertvoller spätgotischer Hochaltar. Die mit Schnitzereien verzierte Kanzel stammt aus dem Jahre 1682 und der Taufstein trägt die Jahreszahl 1683. Das Museum Prassek Scheune befasst sich mit der Lokalgeschichte.

Im weiteren Wegverlauf passiert man Dorfprozelten, Collenberg und überquert an der Schleuse Freudenberg den Main. Freudenberg wurde 1287 erstmals als Stadt erwähnt, verlor das Stadtrecht im Jahr 1935 und bekam es 1956 erneut verliehen. Die Burg Freudenberg wurde zwischen 1160 und 1200 erbaut. Die äußeren Wehrmau-

Martinskapelle

Eine der ältesten Kirchen in Franken

Die Martinskapelle stammt wohl aus dem 10. Jh. und gilt damit als eine der ältesten Kirchen in Franken. Vermutlich wurde der Saalbau zwischen 900 und 1000 errichtet und war zunächst Pfarrkirche der umliegenden Siedlungen. In der ersten Hälfte des 13. Jhs. errichtete man nur rund 100 m entfernt eine neue Kirche und weihte sie der hl. Margareta. Sie löste die Martinskapelle in ihrer Funktion als Pfarrkirche ab. Bei einem Brand Ende des 13 Jhs. wurde die Kapelle stark beschädigt, Ende des 14. Jhs. wurde mit dem Wiederaufbau begonnen. Ab 1589 arbeitete Andreas Herneisen an der Ausmalung des Chorraums, der Decken und der Empore, bald unterstützt von einem Glas- und Flachmaler, von dem lediglich die Initialen IBM erhalten sind.

Die Malereien zeigen Wappen, Evangelisten und Kirchenväter in fast lebensgroßer Darstellung sowie Szenen aus dem Leben des hl. Martin sowie Szenen des Alten und Neuen Testamentes.

ern der Hangburg, die das Städtchen ursprünglich umschlossen, reichen bis zum Main hinab. Ab dem 16. Jh. verfiel die Burg, seit dem Ende des Zweiten Weltkriegs wird sie nach und nach restauriert. Der Burghof dient heute alle zwei Jahre als Freilichtbühne.

Das nächste Highlight im Wegverlauf ist dann mit Bürgstadt rasch erreicht.

Der 1181 erstmals urkundlich erwähnte Ort ist eine der größten Weinbaugemeinden am Untermain und besonders für seinen Rotwein bekannt. Sehenswert sind das um 1590 erbaute Historische Rathaus und die um 1300 errichtete Pfarrkirche St. Margareta mit ihrem gotischen Portal. Auch die um 950 erbaute **Martinskapelle** sollte man nicht unbeachtet lassen. Das Museum in der ehemaligen Mit-

 Lohnenswerter Schlenker **36**

Mildenburg

Höhenburg oberhalb von Miltenberg

Die um 1200 als Zollstelle und Machtsymbol erbaute Mildenburg wurde mehrfach erweitert und nach der Zerstörung im Markgrafenkrieg durch den Erzbischof Daniel Brendel von Homburg teilweise wieder aufgebaut. Bis ins 19. Jh. war sie Sitz der erzbischöflichen Burggrafen.

Seit 2011 beherbergt die Mildenburg ein Museum. Es zeigt alte russische und griechische Ikonen sowie rumänische Hinterglas-Ikonen und moderne Kunst, auch die ereignisreiche Burggeschichte wird erläutert. Von der Burgterrasse aus hat man eine außerordentlich schöne Aussicht auf die Stadt und das Maintal.

telmühle bietet Interessantes zu den Themen Weinbau, Tabakanbau, frühe Lokalgeschichte und dörfliches Alltagsleben.

Beinahe nahtlos geht Bürgstadt dann in Miltenberg über. Die Stadt hatte schon zu Römerzeiten strategische Bedeutung, führte doch hier der Limes zum Main. Die Stadt entwickelte sich im Schutz der um 1200 erbauten Mildenburg. Sie wurde 1237 erstmals erwähnt und bereits ab 1379 von zwei Stadttoren begrenzt. Auf dem von vielen schönen Fachwerkhäusern umgebenen Marktplatz findet man den Marktbrunnen, der 1583 vom Bildhauer Michael Junker aus rotem Sand-

stein erschaffen wurde und mit dem Hotel Zum Riesen eines der ältesten Gasthäuser Deutschlands. Der Schnatterlochturm am hinteren Teil des Platzes bildet einen Durchgang zum Wald. Hier beginnt auch ein Fußweg, der Besucher direkt zur **Mildenburg** 36 führt. Das Schnatterloch selbst ist ein Loch im Turm, von dem aus eine Entwässerungsrinne zum Marktplatz führt. Direkt am Platz liegt das Stadtmuseum in einem reichverzierten Fachwerkhaus mit Renaissance-Erker, in unmittelbarer Nähe befindet sich die Stadtpfarrkirche St. Jakobus.

Bei Kleinheubach quert man schließlich abermals den Main nach Groß-

heubach. Von dort geht es weiter vorbei an Röllfeld bis nach Klingenberg am Main. Die staufische Klingenburg wurde 1177 erbaut, die älteste Stadterwähnung stammt aus dem Jahr 1276. Die 1552 im Markgräflerkrieg fast völlig zerstörte Stadt wurde in den folgenden Jahrzehnten wieder aufgebaut. Von Klingenbach in Richtung Osten führt die **Seltenbachschlucht**, die in die Liste der 100 schönsten Geotope

Wissenswertes im Gepäck

Seltenbach-schlucht
bei Klingenberg

Wer die Seltenbachschlucht durchwandert, dem werden 250 Millionen Jahre Erdgeschichte vor Augen geführt. Geologen konnten nachweisen, dass monsunartiger Starkregen und Flutwellen vor Millionen von Jahren hier meterhoch Sand und Geröll auftürmten, der sich schließlich zu Buntsandstein verfestigte. Die Flüsse der Eiszeit schnitten sich später tief in das Gestein ein und formten die Schlucht.

Sie wurde 2011 in die Liste der 100 schönsten Geotope Bayerns aufgenommen.

Durchwandert man die etwa 1 km lange Seltenbachschlucht, überquert man dabei auf 15 Holzbrücken immer wieder den Seltenbach. In den kleinen Seitenschluchten rauschen Wasserfälle, vielerorts liegen umgestürzte Bäume. Der Ort ist ein Refugium für Molche und Feuersalamander, die sich mit ein wenig Glück beob-

achten lassen. Am Ende der Schlucht erreicht man den Arme-Sünder-Weg. Er führt zu einem Galgen, an dem bis 1803 Hinrichtungen stattfanden.

Oben angekommen trifft man auf das ehemalige Tonwerk. Der Klingenberger Ton, das „dunkle Gold", verhalf der Stadt bis 1914 zu großem Reichtum. Das Tonbergwerk musste aus wirtschaftlichen Gründen im Jahr 2011 geschlossen werden.

Lohnenswerter Schlenker 37

Ruine Clingenburg

Ein beliebtes Ausflugsziel in der Region ist die ausgedehnte Ruine der Clingenburg, die sich etwa 40 m über der Stadt Klingenberg erhebt. Zwischen Stadt und Burg erstreckt sich ein terrassenförmig angelegter Weinberg, in dessen Steillage der Klingenberger Rotwein wächst.

Die Clingenburg wurde im 12. Jh. von Conradus Colbo, dem Mundschenk Kaiser Friedrich Barbarossas erbaut. Ihre Mauern reichten bis ins Tal hinab, so siedelten sich Handwerker, Kaufleute, Winzer und Fischer hier an. Heute lässt sich an dieser Stelle die Altstadt von Klingenberg besuchen.

Im 15. Jh. erwarb das Erzstift Mainz den Herrschaftsbereich und machte Klingenberg zur mainzischen Amtsstadt, bis der Amtmann Johann Leonhard Kottwitz von Aulenbach 1560 ein bequemes Stadtschloss errichten ließ und die Clingenburg in weiterer Folge allmählich verfiel. Die Stadt Klingenberg erwarb um 1870 die Ruine und ließ sie als Festplatz herrichten. Der Innenhof der Clingenburg diente seither als Freilichttheater, im Burghof fanden sporadisch Burgspiele und Theateraufführungen statt, unter den Gästen waren auch bayerische Könige.

Etwa 100 Jahre später entstanden die Clingenburg-Festspiele, die sich zu einem kulturellen Höhepunkt der Region entwickelten und mit jährlich bis zu 40.000 Besuchern bis 2019 zu den größten Freilichttheatern in Unterfranken zählten.

Die Burgruine ist zu Fuß in etwa 15 Minuten über die 287 Stufen zählende Burgtreppe am Eingang zur Schlucht oder vorbei am Weinbau- und Heimatmuseum über einen weniger steilen Aufstieg zu erreichen. Ab hier führt ein Lehrpfad durch den größten zusammenhängenden Esskastanienwald des Spessarts.

Bayerns aufgenommen worden ist. Die hier durch Verwitterung freigelegten Schichten zeigen 250 Millionen Jahre Erdgeschichte. Oberhalb der Schlucht lagert besonders reiner und begehrter Ton, der im 19. Jh. bergmännisch abgebaut wurde und der Stadt so großen Wohlstand brachte, dass selbst die Mainbrücke 1880 aus dem Stadtsäckel bezahlt werden konnte. Besuchen lässt sich in Klingenberg außer der Schlucht auch die Altstadt mit dem Alten Rathaus aus dem Jahre 1561. Das schöne Fachwerkhaus beherbergt heute die Touristinformation. Ebenfalls in der Altstadt steht das Stadtschloss, ein Renaissancebau aus dem Jahr 1560. Die Ruine der **Clingenburg** 🚲 37 ist heute touristisch erschlossen. Ein Restaurant mit einer Aussichtsplattform wurde errichtet und seit 1994 finden hier jeden Sommer die Clingenburg-Festspiele statt.

Essen, Trinken & Durchatmen

Ein kulinarischer Abzweig

Das gutbürgerliche Gasthaus „Zum Riesen" ist als eines der ältestes Gasthäuser Deutschlands natürlich ein Besuchermagnet. Die erste urkundliche Erwähnung stammt aus dem Jahr 1158, berühmte Gäste waren die Kaiser Barbarossa, Ludwig, Karl IV., Wenzel und Friedrich III. Die Liste ließe sich mit Albrecht Dürer, Martin Luther und vielen weiteren fortführen. Ab 2005 wurde die Außenfassade neu gestrichen, aktuell wird das Gasthaus von der Faust-Brauerei bewirtschaftet. Ein Bier namens Riesen-Spezial wird nur im Gasthaus ausgeschenkt.

Hotel zum Riesen
Hauptstraße 97, 63897 Miltenberg
Tel. +49 9371 2582 und 3644
www.hotel-riesen-miltenberg.de

Von der „Burgterrasse Clingenburg" lässt sich im Sommer mit wundervollem Blick auf das Maintal die Altstadt von Klingenberg, die Weinberge und den Odenwald ein Glas des Klingenberger Terrassenweins genießen. Spielt das Wetter nicht mit, kann man problemlos auf das Panorama-Restaurant und die Ritterstube ausweichen. Ganzjährig kann man im Gastronomiebetrieb zum Mittag- oder Abendessen und nachmittags zu Kaffee und Kuchen aus der hauseigenen Konditorei einkehren.

Burgterrasse Clingenburg
Clingenburgstraße 5
63911 Klingenberg a. Main
Tel. +49 9372 2594
www.burgterrasse.de

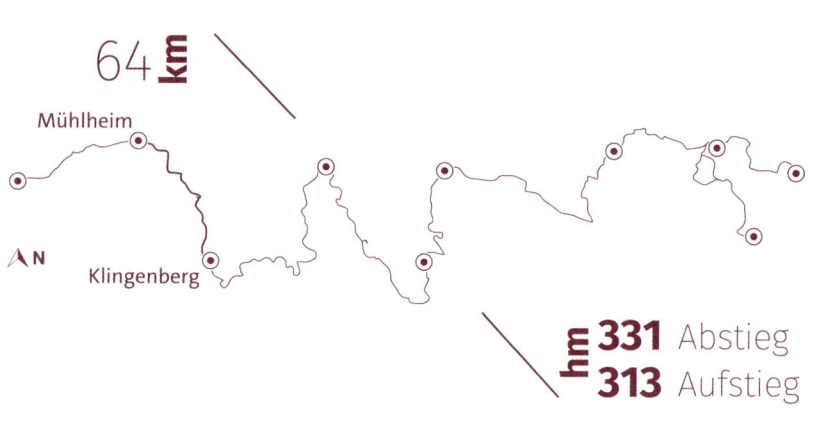

64 km

Mühlheim

N

Klingenberg

hm **331** Abstieg
313 Aufstieg

Streckenprofil

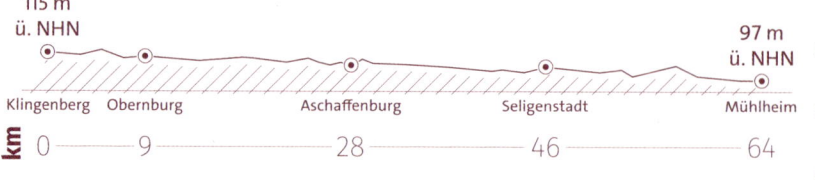

115 m
ü. NHN

97 m
ü. NHN

| Klingenberg | Obernburg | Aschaffenburg | Seligenstadt | Mühlheim |

km 0 — 9 — 28 — 46 — 64

Die letzte Mainschleife
entlang des Weges

Ab Klingenberg setzt man die Route wieder linksseitig des Mains fort. Rasch ist die Stadt Wörth erreicht, die eingebettet zwischen den Hügeln von Odenwald und Spessart liegt. Ursprünglich stand hier wohl ein römisches Kastell, ob dieses allerdings zur Mainlinie des Obergermanischen Limes oder aber zur älteren Odenwaldlinie des Neckar-Odenwald-Limes gehörte, konnte bisher nicht eindeutig geklärt werden. Auch die Entstehungszeit konnte bisher nicht genau datiert werden, man vermutet jedoch eine erste Siedlung im 1. Jh. n. Chr. Heute sind davon aber ohnehin nur schwache Bodenkonturen im Gelände sichtbar. Ab dem 6. Jh. war Wörth ein christlicher Missionierungsstandpunkt, 1291 wurde es erstmals urkundlich. Ab dem 16. Jh. enwickelte sich die Stadt bedingt durch die strategisch gute Lage zu einem bedeutenden Holzumschlagplatz, auch der Schiffbau florierte. Im Laufe der Zeit

hatten die Bewohner immer wieder mit dem Hochwasser zu kämpfen, mittlerweile sichern Schutzvorrichtungen das Siedlungsgebiet. Besonders sehenswert sind der Tannenturm aus dem 15. Jh., das Obere Tor und das Bürgerhaus mit seinem Renaissanceportal. Das **Schifffahrts- und Schiffbaumuseum** 📷38 dokumentiert die historische Entwicklung der Binnenschifffahrt und des Schiffbaus am Main.

Stets mainnah passiert man anschließend Obernburg. Auch diese Stadt entstand aus einem römischen Kastell, 1313 wurde das Stadtrecht verliehen. Bis Anfang des 20. Jhs. wurde hier Buntsandstein abgebaut, der rund um den Ort vorkommt. Dieser Einkommenszweig der örtlichen Bevölkerung lässt sich schön anhand der Sandsteinhäuser bei einem Spaziergang durch die Altstadt bewundern. Lange prägten vor allem die Landwirtschaft,

Highlights am Wegesrand 📷 38

Schifffahrts- und Schiffbau- museum

in Wörth am Main

Seit vielen Jahrhunderten werden in Wörth am Main bereits Schiffe gebaut: Hölzerne Mainschiffe, Schelchen (ein Schiffstyp mit ungedecktem Laderaum) und kleinere Nachen (flache Kähne für die Binnenschifffahrt). Bis zu drei Schiffswerften gab es hier zeitweilig. Heute gibt es noch eine Werft, diese wurde allerdings zu Beginn des 20. Jhs. aus Platzgründen an das andere Mainufer verlegt. Hier werden noch große Transportschiffe für die europäischen Wasserstraßen gebaut.

Die ältesten Aufzeichnungen belegen die Ausübung des Schifferberufes in Wörth am Main ab dem Jahr 1513. Viele Schiffer waren zu Beginn auch Holzhändler, der nahe Odenwald und die strategisch günstige Lage an der Wasserstraße erlaubten einen florierenden Holzhandel.

Wörth ist heute immer noch die bedeutendste Schifferstadt am Main mit den meisten beheimateten Frachtschiffen.

Das Schifffahrts- und Schiffbaumuseum dokumentiert die Entwicklung der Schifffahrt und des Schiffbaus in den wesentlichen historischen Entwicklungslinien. In einem Nebenraum lässt sich eine historische Nagelschmiede besichtigen, die mit

das Handwerk und der Wein- und Obstanbau das Stadtbild. Von der ursprünglichen Stadtbefestigung sind noch mehrere Türme und Tore erhalten.

Weiter geht es dann vorbei an Großwallstadt und einem Badesee, durch Niedernberg und nach Aschaffenburg, dem „Tor zum Spessart". Im 5. Jh. von den Alemannen gegründet,

dem Beginn des Eisenschiffbaus ab 1948 obsolet wurde. Außerdem erhält man im Museum interessante Informationen zum Fischereistand am Main.

Untergebracht ist das Museum in der bereits im Jahr 1903 profanierten und lange Zeit dem Verfall preisgegebenen St.-Wolfgangs-Kirche – das hat durchaus Charme!

gehörte die Stadt vom 10. Jh. bis 1803 zum Mainzer Kurfürstentum. 1144 erhielt Aschaffenburg das Markt-, 1161 dann bereits die Stadtrechte. Die im Zweiten Weltkrieg stark beschädigte Stadt wurde in Teilen wiederauf

gebaut, so kann man heute wieder die **Kirchen** 👓39, das **Schloss** 👓40 und das **Pompejanum** 👓41 besuchen.

Die Route führt anschließend rechts des Mains vorbei an Mainaschaff mit

Lohnenswerte Schlenker

Von der Route aus sichtbar und nur ein kleiner Umweg

in Aschaffenburg

39 Stiftskirche St. Peter und Alexander

Die Stiftskirche St. Peter und Alexander ist welt- weit die einzige Kirche, die diesen Heiligen geweiht ist. Sie wurde um 950 erbaut und ist damit die älteste Kirche Aschaffenburgs. Errichtet auf einem Hügel überragt sie dominant die Innenstadt. Ein Großteil der heutigen Anlage stammt aus dem 12. und 13. Jh. Während der Reformation wurde das Stift zeitweise Teil des Bischofssitzes.

Stadtplan **Aschaffenburg**

👓40 Schloss Johannisburg

Im Zentrum Aschaffenburgs, direkt am Ufer des Mains, liegt Schloss Johannisburg. 1605 bis 1614 unter Kurerzbischof Johann Schweikard von Kronberg errichtet, gehört es zu den bedeutendsten Schlossbauten der deutschen Renaissance und ist das Wahrzeichen der Stadt. Sehenswert sind die Gemäldegalerie, die Schlosskapelle mit dem Renaissancealtar, Kanzel und Portalskulpturen von Hans Juncker, die Paramentenkammer mit Ornaten aus dem ehemaligen Mainzer Domschatz, die Korkmodellsammlung antiker Bauten und die mit klassizistischem Mobiliar ausgestatteten fürstlichen Wohnräume sowie das Städtische Schlossmuseum.

👓41 Pompejanum

Das Pompejanum ist ein Nachbau einer römischen Villa, den König Ludwig I., angeregt durch die Ausgrabungen in Pompeji, errichten ließ. Zu jener Zeit wurde die Antike in Deutschland idealisiert und der Bau sollte Kunstliebhabern als Anschauungsobjekt dienen. Für die prachtvolle Ausmalung der Innenräume und die Mosaikfußböden wurden antike Vorbilder kopiert oder nachempfunden. Originale römische Kunstwerke, römische Marmorskulpturen, Kleinbronzen und Gläser und zwei seltene Götterthrone aus Marmor sind zu sehen.

Highlights am Wegesrand 42

Einhard-Basilika

in Seligenstadt

Die Kirche St. Marcellinus und Petrus ist der Überrest jenes Benediktinerklosters, das Einhard um das Jahr 830 gründete. Mit dem Kirchenbau wurde zwischen 831 und 834 begonnen. Als Einhard 840 starb, konnte er in der fertiggestellten Kirche beigesetzt werden. Hier wurden die aus Rom entwendeten Gebeine der frühchristlichen Märtyrer Marcellinus und Petrus aufbewahrt, worauf sich der Ort zu einem viel besuchten Pilgerzentrum entwickelte. Im Laufe der Zeit wurde die Basilika erweitert, umgebaut, teilweise zerstört und renoviert. Unter Papst Pius XI. wurde ihr 1925 der Ehrentitel „Basilica minor" verliehen. Direkt an die Basilika schließt sich die Benediktinerabtei mit ihrem weitläufigen Areal an.

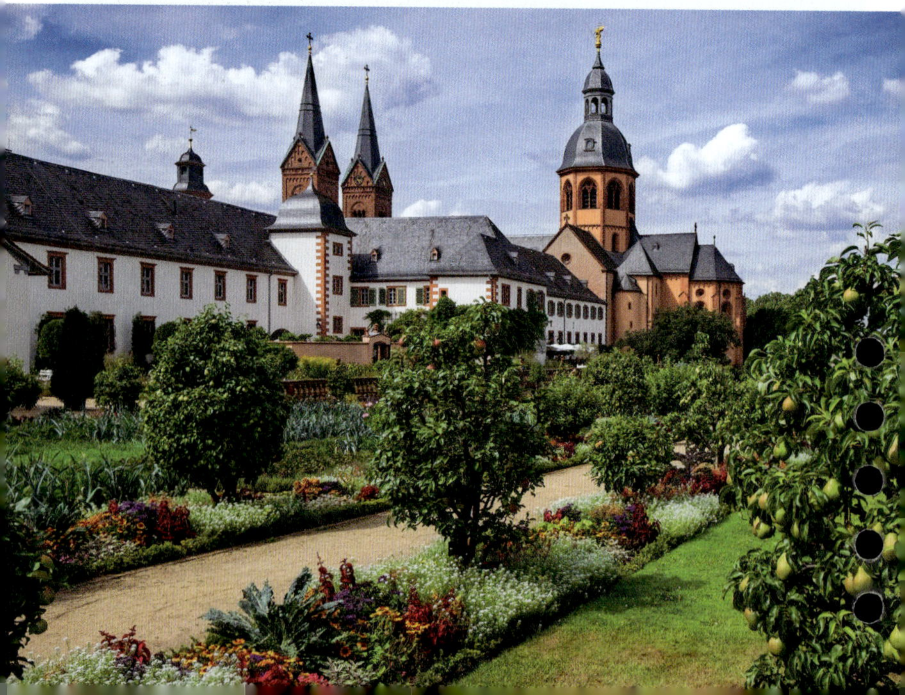

dem Puppenschiff Puppentheater und an Kleinostheim, ehe man bei Karlstadt erneut das Flussufer wechselt und nach Seligenstadt kommt. Seine mittelalterliche Altstadt mit den kleinen Gassen, malerischen Winkeln und gepflegten farbenprächtigen Fachwerkhäusern sollte man sich nicht entgehen lassen. Auf den Überresten eines ehemaligen römischen Kastells wurde hier im Jahr 815 von Einhard, enger Vertrauter und Biograf von Karl dem Großen, ein Benediktinerkloster gegründet. Die in Rom gestohlenen Gebeine der Märtyrer Petrus und Marcellinus wurden 828 aus der Basilika in Steinbach im Odenwald hierher überführt. Daraufhin entwickelte sich der Ort zu einem Wall-

fahrtsort und der Name „Seligenstadt" entstand. Der Ansturm der Gläubigen war groß und so begann Einhard schon bald mit dem Bau der **Einhard-Basilika** 🔵42 . Im Wegverlauf passiert man gleich nach dem Klostergarten und der Basilika die Reste des Palatiums. Die um das Jahr 1187 als Jagd- oder Wohnschloss der Staufer errichtete Anlage diente den Bürgern nach deren Niedergang als Steinbruch, lediglich die östliche Längsseite des „Roten Schlosses" blieb erhalten, da sie Teil der Stadtbefestigung war. Aus der gleichen Zeit stammt das Romanische Haus. Das massive Steinhaus mit den Arkaden war 1188 Schauplatz des Hoftags Barbarossas, heute finden hier kulturelle Veranstaltungen statt. Seit dem Mittelalter wird in der Stadt mit dem „Seligenstädter Geleit" ein einmaliger Brauch lebendig gehalten. Zu jener Zeit zogen Verbände von Kaufleuten mit ihren Pferdefuhrwagen aus allen Himmelsrichtungen zur Frankfurter Messe. Stets drohten Überfälle von Raubrittern und Wegelagerern, der Weg war gefährlich. Aus diesem Grund stellte der Stauferkaiser Friedrich II. im Jahre 1240 die Kaufleute durch einen Geleitsbrief unter kaiserlichen Schutz, den Durchreisenden musste Geleitschutz gewährt werden. Um in den Kreis der Kaufleute aufgenommen zu werden, mussten sich Neulinge dem „Hänselbrauch" unterziehen, was bedeutete, einen Liter Wein in einem Zug auszutrinken. Wer es nicht schaffte, musste die Verpflegung bezahlen. Heute wird der Zug

Die Mühlen von Mühlheim

Wie ein Ort die Kraft des Wassers nützte

Die Ursprünge der Stadt am Main symbolisiert bis heute die letzte noch intakte Mühle: Die Brückenmühle, deren beeindruckendes Mühlrad sich noch immer dreht. Die renovierte Mühle an der Rodau ist die letzte von einstmals 10 Mühlen, die an Main und Rodau klapperten und denen Mühlheim seinen Namen verdankt.

Die Mühlen klapperten nicht alle zur gleichen Zeit. Sie wurden bei Bedarf gebaut, liefen einige Müller-Generationen und verfielen wieder.

Dabei war es überhaupt nicht einfach, eine Mühle zu bauen, denn das war im Hoch- und Spätmittelalter juristisch an den Besitz von Land gebunden. Nur der Adel und der Klerus kamen daher als Erbauer in Frage, die Mühlen wurden verpachtet.

Die Zeit wirtschaftlicher Blüte wurde durch den Dreißigjährigen Krieg unterbrochen, in dessen Verlauf die meisten Mühlen zerstört wurden und die Familien der Müller abwanderten, vertrieben oder getötet wurden, sodass sich um 1650 nur noch eine ehemalige Müllerfamilie im Kirchenbuch von Mühlheim findet. Doch auch nachdem die ersten Mühlen wiederaufgebaut worden waren, erschwerten die wirtschaftlichen und gesellschaftlichen Rahmenbedingungen das Müllergewerbe immer mehr, im 18. Jh. waren die Müller hauptsächlich noch Selbstversorger.

Ende des 19. Jhs. übernahmen modernere Mühlen mit Benzin- oder Elektromotoren die noch verbliebene Arbeit, so wurden die alten Mühlen wischen 1890 und 1910 eine nach der anderen stillgelegt. Einzig die Brückenmühle blieb einsatzfähig, sie steht heute unter Denkmalschutz.

der Kaufleute alle vier Jahre nachgestellt, natürlich darf auch der Hänselbrauch dabei nicht fehlen.

Auf dem Weiterweg entlang des Mains passiert man Klein-Krotzenburg und Hainstadt, Klein-Auheim und Steinheim und erreicht schließlich Mühlheim. Der Name der rund 30.000-Einwohner-Stadt ist auf zehn **Wassermühlen** zurückzuführen, die es hier ehemals gab. Sonntags ist das Stadtmuseum geöffnet, in des-

sen Obergeschoss vor- und frühgeschichtliche Bodenfunde aus der näheren Umgebung ausgestellt sind. Die ältesten Exponate stammen aus der Altsteinzeit, die jüngsten aus der Eisenzeit. Die Gegenstände zeichnen zusammen mit Fotos, erläuternden Grafiken und Texten ein lebendiges Bild vom Leben der ehemaligen Bewohner. Im Erdgeschoss werden im Wechsel Werke regional und international bekannter Künstler und Ausstellungen des Geschichtsvereins gezeigt.

Essen, Trinken & Durchatmen

Ein kulinarischer Abzweig

„Der BierSepp" in Aschaffenburg liegt mitten in der Altstadt in unmittelbarer Nähe des Schlosses Johannisburg. Das bayerische Gasthaus bietet traditionelle deftige Speisen, Brotzeit-Spezialitäten und das frisch gezapfte Schlappeseppel-Bier unter dem urigen Gewölbe oder in den Sommermonaten im Biergarten an. Für manche der Veranstaltungen im BierSepp, wie etwa dem Wirtshaussingen, empfiehlt sich eine vorherige Reservierung, damit man auch einen Platz bekommt.

Der BierSepp
Schlossgasse 10
63739 Aschaffenburg
Tel. +49 6021 494 24 60
www.biersepp-ab.de

Früher nannte man die fränkischen Weinbauern „Häcker", daraus leitet sich der Name der mainfränkischen Häckerwirtschaften ab. Hier kann zeitlich begrenzt Wein aus Eigenbau genossen werden. Gastlichkeit wird dabei großgeschrieben, so auch bei **„Rainer Schusser"** in Wörth am Main. Im familiär geführten Weinbau-Betrieb werden franken-typische Rot- und Weißweine von den Wörther Weinlagen Galgenbuckel und Campestres angebaut. Diese werden bei der Weinprobe zusammen mit typisch fränkischen Speisen angeboten.

Weinbau Rainer Schusser
Beethovenstraße 18, 63939 Wörth
Tel. +49 9372 725 02

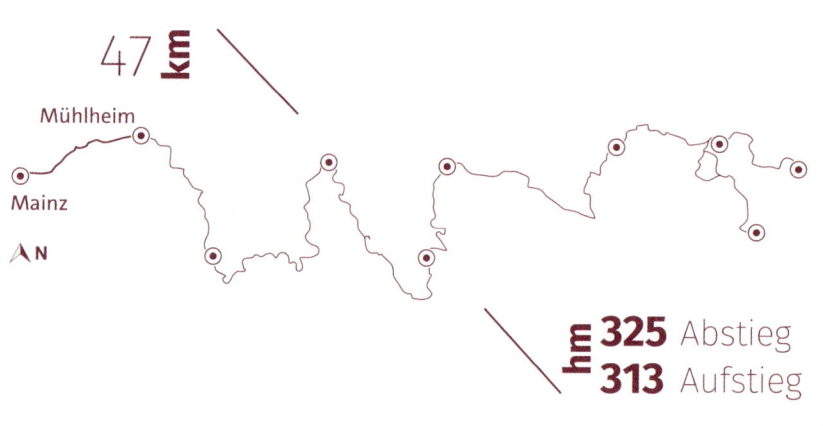

47 km

Mühlheim

Mainz

↗ N

hm 325 Abstieg
313 Aufstieg

Streckenprofil

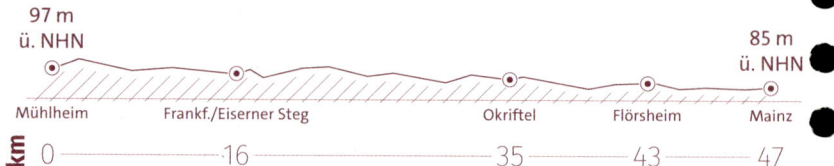

97 m
ü. NHN

85 m
ü. NHN

Mühlheim   Frankf./Eiserner Steg   Okriftel   Flörsheim   Mainz

km 0 ——— -16 ——————— 35 ——— 43 — 47

... auf der Zielgeraden

Das letzte Wegstück verläuft überwiegend auf asphaltierten Radwegen, kurze Passagen sind auch gekiest oder gepflastert. In den Ortschaften und Städten ist natürlich besonders auf den Verkehr zu achten, doch trotz der Großstadtregion gibt es überraschend wenig direkte Verkehrsberührung.

Nach Mühlheim ist rasch Offenbach erreicht, dessen Siedlungsgebiet mittlerweile mit jenem von Frankfurt zusammengewachsen ist. Die industriell geprägte Stadt war einst Zentrum der Lederwarenindustrie. Heute hat sie rund 130.000 Einwohner und ist Hochschulstandort für Gestaltung, auch der Deutsche Wetterdienst hat hier seinen Sitz. Letzterer betreibt den **Wetterpark** 👓43, einen Themenpark mit Freilichtmuseum. Die erste urkundliche Erwähnung der Stadt stammt aus dem Jahr 977. Kaiser Otto II. beurkundete eine Schenkung an die Salvatorkirche in Frankfurt am Main. Mehrmals wechselte Offenbach im Lauf der Jahrhunderte die Besitzer. Unter Graf Reinhard von Isenburg-Birstein diente die Stadt dem Adelsgeschlecht als Residenz. In diese Zeit fällt die Errichtung des **Isenburger Schlosses** 👓44. Johann Wolfgang von Goethe kam Ende des 18. Jhs. regelmäßig nach Offenbach zu seiner Verlobten Lili Schönemann. In jener Zeit begann man mit der Herstellung von Lederwaren, das **Deutsche Ledermuseum** 👓45 widmet sich auch dieser Tatsache. Auch erste Industrien und Gewerbebetriebe siedelten sich im 18. Jh. an. Der berühmte italienische Geigenvirtuose Niccolò Paganini besuchte die aufstrebende Industriestadt mehrmals, um Musiksaiten zu erwerben. Auch Wolfgang Amadeus Mozart hatte Verbindungen zur Stadt, da ab 1800 unter dem Musikverleger Johann Anton André die ersten lithografischen Notendrucke seiner Klavierkonzerte hier entstanden.

143

Lohnenswerte Schlenker

in Offenbach

43 Wetterpark
Themenpark und Freilichtmuseum

Wie entstehen Hagelschauer und Stürme? Welche Form hat ein Regentropfen? Im rund 20.000 m² großen Wetterpark erhält man Antworten auf solche Fragen. Der gekieste Lehr- und Erlebnispfad erklärt an verschiedenen Stationen das Zusammenspiel von Sonne, Luft und Wasser. Der Deutsche Wetterdienst installierte auf dem Gelände auch Offenbachs erste vollautomatische Wetterstation mit zwölf Sensoren. Vom Aussichtsturm aus hat man einen schönen Ausblick über Frankfurt. Täglich geöffnet von 8 bis 22 Uhr, Eintritt frei, Führungen sind buchbar.

44 Isenburger Schloss

Das Grafengeschlecht Isenburg entschied sich Anfang des 16. Jhs. für Offenbach als Residenz und Sitz seiner Landesverwaltung. Anstelle einer zerfallenen gotischen Wasserburg ließen sie ein repräsentatives Schloss erbauen, das 1559 fertiggestellt wurde. Bereits

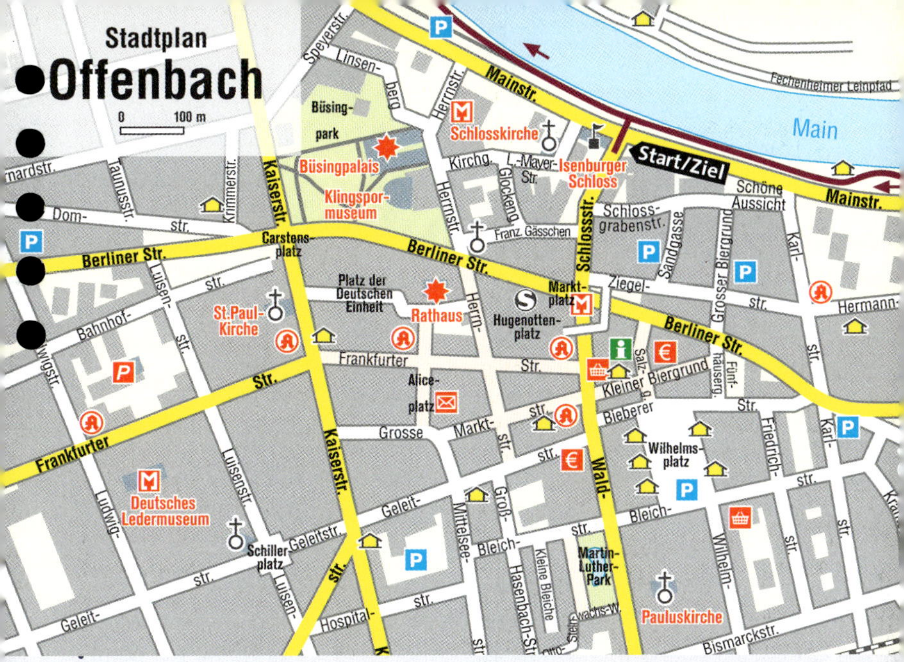

0 100 m

Speyerstr.
Linsen-
berg
Mainstr.
Büsing-
park
Herrnstr.
Schlosskirche
Büsingpalais
Klingspor-museum
Kirchg.
L.-Mayer-Str.
Isenburger Schloss
Start/Ziel
Schöne Aussicht
Main
Mainstr.
nardstr.
Taunusstr.
Krimmerstr.
Kaiserstr.
Carstens-platz
Dom-str.
Berliner Str.
Hermnstr.
Franz Gässchen
Schloss-grabenstr.
Sandgasse
Grosser Biergrund
Schöne Aussicht
Berliner Str.
Hermannstr.
Bahnhof-str.
Lusen-str.
St.Paul-Kirche
Platz der Deutschen Einheit
Rathaus
Herrnstr.
Markt-platz
Ziegel-
Salz-
Kleiner Biergrund
Fünf-hausen-str.
Berliner Str.
Karl-
Frankfurter
Str.
Alice-platz
Hugenottenplatz
Bieberer
Str.
Frankfurter
Str.
Grosse
Markt-
Wald-
Wilhelms-platz
Friedrich-
Karl-
Deutsches Ledermuseum
Ludwig-
Lusenstr.
Kaiserstr.
Geleit-
Mittelsee-
Bleich-
str.
Bleich-
Martin-Luther-Park
Wilhelm-
Schiller-platz
Geleitstr.
str.
Lusen-
Kleine Bleiche
Hasenbach-str.
Pauluskirche
Geleit-
Hospital-
str.
Bismarckstr.

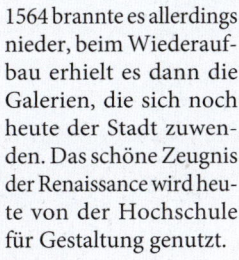

1564 brannte es allerdings nieder, beim Wiederaufbau erhielt es dann die Galerien, die sich noch heute der Stadt zuwenden. Das schöne Zeugnis der Renaissance wird heute von der Hochschule für Gestaltung genutzt.

45 Deutsches Ledermuseum

1917 wurde von Hugo Eberhardt eine Sammlung von historischen Vorbildern zusammengetragen, die Auszubildenden in den Berufen der lederverarbeitenden Gewerbe als Beispiele dienen sollten. Daraus entwickelte sich das heutige Deutsche Ledermuseum, in dem 30.000 Objekte aus allen Kulturen und Epochen betrachtet werden können, die im Bezug zum Werkstoff Leder stehen: von klassischen Lederwaren über herausragende Einzelwerke bis hin zu neuesten Objekten aus artverwandten Materialien. Herstellung, Verzierung, Verwendung und 6.000 Jahre Geschichte des Materials Leder werden präsentiert. Führungen sind möglich, Montag Ruhetag.

Wissenswertes im Gepäck

Frankfurt am Main

Mit rund 750.000 Einwohnern ist Frankfurt die fünftgrößte Stadt Deutschlands, seinem Ballungsraum werden gar 2,3 Millionen Menschen zugerechnet. Sein Name bedeutete ursprünglich „Furt der Franken" und bezog sich auf eine Felsbarriere im Untergrund des Mains. Vor vielen Jahrhunderten war der Fluss wesentlich breiter als heute und an besagter Furt war es bei normalem Wasserstand möglich, den Fluss zu überqueren.

Im Jahr 794 wurde Frankfurt erstmals urkundlich erwähnt, im Laufe der Jahrhunderte war es Reichs-, Krönungs- und Wahlstadt der römisch-deutschen

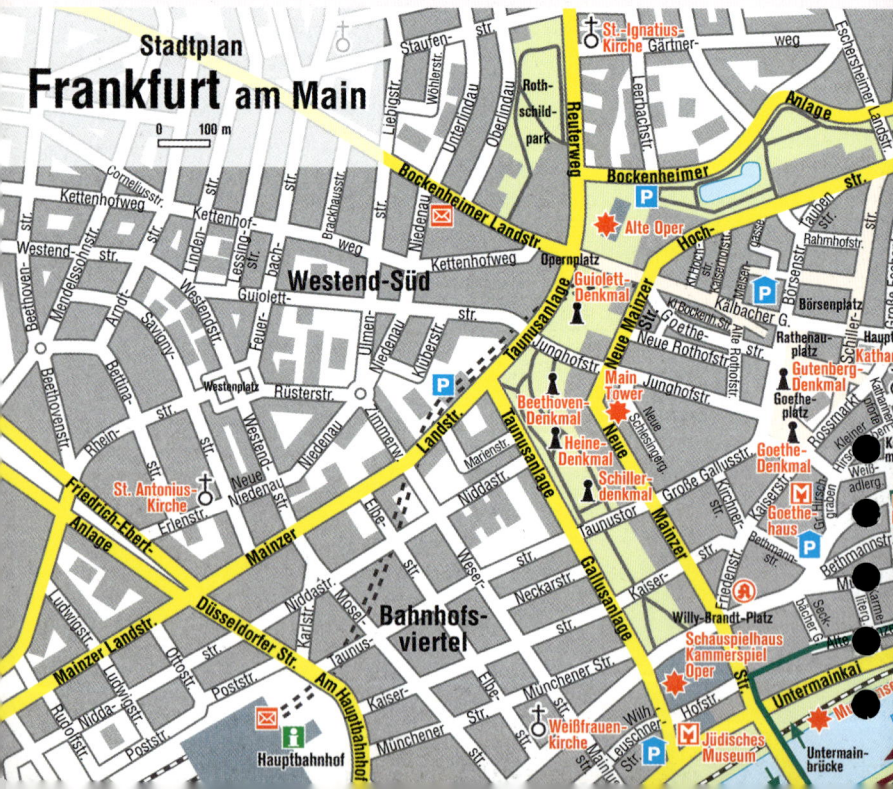

Kaiser und National-versammlung des ersten deutschen Parlaments. Die Umstände der Industrialisierung trugen wesentlich zum Wachstum der Stadt bei.

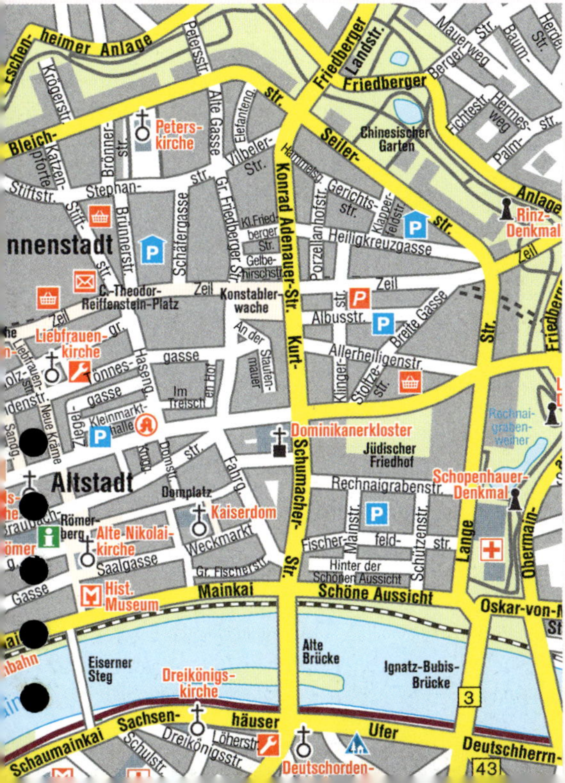

Heute ist Frankfurt einer der wichtigsten internationalen Finanzplätze, Sitz der Europäischen Zentralbank und Universitätsstadt. Außerdem ist es einer der größten Chemie- und Pharmaindustrie-Standorte Europas. Die Frankfurter Buchmesse und andere Veranstaltungen locken jährlich ein großes Publikum in die Mainmetropole, das kulturelle Angebot ist vielfältig. Einige markante Wolkenkratzer der bekannten Hochhaus-Skyline gehören zu den höchsten Europas. Der Flughafen ist einer der größten der Welt, der Hauptbahnhof ist ein zentraler Bahnknotenpunkt und das Frankfurter Kreuz der meistbefahrene Straßenknotenpunkt Deutschlands.

Lohnenswerte Schlenker

in Frankfurt am Main

🔭 46 Kaiserdom St. Bartholomäus

Größter Sakralbau der Stadt

Drei Kirchen standen bereits an dieser Stelle, ehe 1239 mit dem Bau des heutigen Doms begonnen wurde. Der ursprüngliche Bau dürfte eine merowingischen Kapelle gewesen sein, die vor 680 entstanden sein muss.

Nachdem im 16. Jh. das Geld für den Bau ausging, wurde der fast vollendete Westturm mit einer Notkuppel verschlossen. Erst nach einem Brand im Jahr 1867 wurde der Turm nach den originalen mittelalterlichen Plänen vollendet. Der Sakralbau war Wahl- und Krönungskirche der römisch-deutschen Kaiser und galt als Symbol der nationalen Einheit, die meiste Zeit über blieb die Kirche katholisch. Nach 1200 erhielt die Stiftskirche eine Schädelreliquie des hei-

ligen Apostels Bartholomäus, die heute noch an Sonn- und Feiertagen und am Fest des Heiligen (24. August) zugänglich ist.

🔭47 Römerberg
Historisches Zentrum

Der Römerberg ist der Rathausplatz von Frankfurt und seit dem Hochmittelalter das Zentrum der Altstadt. Der Platz sah im Laufe seiner Geschichte insgesamt 10 Kaiserkrönungen. Die prachtvollen Fachwerkhäuser wurden in den 1950er und 1980er Jahren nach historischen Plänen wiederaufgebaut. Im Eckhaus Großer Engel wurde im 17. Jh. die erste Bank Frankfurts gegründet.

🔭48 Goethehaus
Auf den Spuren des Dichters

Bis 1795 war das Gebäude in der Innenstadt von Frankfurt der Wohnsitz der Familie Goethe, Johann Wolfgang Goethe wurde hier 1749 geboren. Der Dichter lebte die meiste Zeit in diesem Haus, ehe er 1775 nach Weimar ging. Im Jahr 1795 verkaufte seine Mutter Catharina Elisabeth das Gebäude samt Einrichtung, da es für sie nach dem Tod des Vaters schwer zu bewirtschaften war. Im Zweiten Weltkrieg wurde das Haus schwer beschädigt, bereits 1947 begann man jedoch mit der Rekonstruktion und konnte schon bald die geretteten Schätze, darunter Gebrauchsgegenstände, Bücher und Handschriften von Goethe, zurückbringen. An das Haus schließt sich das Goethe-Museum, eine Gemäldegalerie, an.

Wissenswertes im Gepäck 🧳

Schwanheimer Düne

Naturschutz in Stadtnähe

Die Schwanheimer Düne vor den Toren Frankfurts ist eine der seltenen Binnendünen Europas. Das Naturschutzgebiet mit seinen seltenen Pflanzen und Tieren kann auf einem Bohlenweg erkundet werden, Stelen entlang des Weges liefern interessante Informationen. Die Düne entstand vor rund 10.000 Jahren während der letzten Eiszeit, als der Wind kalkfreie Quarzsande aus dem Flussbett des Mains heraustrug. Auch der Mensch trug durch Rodung zu ihrem Entstehen bei. Bis in die 1980er Jahre hinein wurde großflächig Sand abgebaut. Als damit Schluss war liefen die Gruben mit Grundwasser voll, wodurch verlockende Lebensräume für Amphibien entstanden, auch der seltene gelbe Pirol ist hier heimisch. Die Heidschnucke, eine Schafrasse, sorgt für eine natürliche Landschaftspflege.

Wer so kurz vor dem Ende der Route noch Zeit und Muse hat, sollte sich **Frankfurt am Main** natürlich nicht entgehen lassen, es hat viel zu bieten. Als Minimum sollte man einen Besuch des **Doms** 🔵46, des **Römerbergs** 🔵47, der **Paulskirche** und des **Goethehauses** 🔵48 einplanen. All diese Sehenswürdigkeiten liegen am orografisch rechten Mainufer. Die Radroute verbleibt auf der linken Mainseite und führt getrennt durch einen Grünstreifen und den Schaumainkai direkt vorbei am Weltkulturen-Museum, dem Deutschen Architekturmuseum, dem Museum für Kommunikation, der Liebieghaus-Skulpturensammlung und zahlreichen weiteren kulturellen Höhepunkten.

Vorbei an Schwanheim geht es dann am Rand des **Landschaftsschutzgebiets Schwanheimer Düne** und entlang eines Industriegebiets auf die andere Mainseite nach Sindlingen. Der Ort wurde bereits in der Jungsteinzeit besiedelt und ist mittlerweile ein Stadtteil von Frankfurt. Von hier geht es rechtsseitig des Mains vorbei an Hattersheim, wo sich ein Abstecher zum **Rosarium** 🔭49 anbietet.

Weiter geht es über Eddersheim nach Flörsheim am Main. Der Ort wurde im Mittelalter stark befestigt, um den Verkehr auf dem Main zu kontrollieren. Etwas außerhalb des Orts steht der Eisenbaum inmitten von Feldern und in umittelbarer Nähe zu einem kleinen See, einer Kapelle und einem Gasthof. Beim Eisenbaum handelt es sich sowohl um eine Skulptur als auch einen Aussichtsturm. Der stählerne

Lohnenswerter Schlenker

Rosarium in Hattersheim

Schon lange bevor 1997 das Rosarium durch den Regionalpark RheinMain eröffnet wurde, trug Hattersheim den Beinamen „Stadt der Rosen". Bereits Ende des 19. Jhs. hatten sich hier ansässige Gärtnereien auf den Anbau von Schnittrosen spezialisiert, zeitweise wurden sie weltweit exportiert. An diesen florierenden Wirtschaftszweig erinnert das Rosarium.

Auf einer Fläche von 1,3 ha wachsen hier über 100 Sorten mit rund 6.500 Rosen, darunter spezielle Züchtungen. Im Sommer 2000 wurde eine neue Rosenzüchtung auf den Namen „Rosarium Hattersheim" getauft. Mittelpunkt der Anlage sind rund 6,5 m hohe Rosenpyramiden, die von Kletterrosen überwuchert werden. Die duftende Pracht verteilt sich auf angelegte Beete, den Rankpyramiden und in Wasserbecken. Magnolien, Lilien, Indianernessel, Blauschwingel, Gänsekresse, Astern und der wunderschön blau blühende und duftende Lavendel ergänzen das Erscheinungsbild des Parks. Bänke laden zum Genießen und Verweilen ein, in den Sommermonaten finden Serenadenkonzerte und andere kulturelle Veranstaltungen statt.

Baum ist 18 m hoch und besitzt zehn künstliche Äste. Auf einer 9 m hohen Aussichtsplattform spricht eine solarbetriebene Tonanlage zu den Besuchern.

Und dann hat man nach einer Strecke von rund 650 km Mainz und damit das Ende des MainRadwegs erreicht.

Hier mündet der Main nach seinem Weg entlang von historischen Dörfern und Städten, Weinbergen und Burgen in den Rhein. Mit diesem Strom wird sein Wasser, das an den Quellen des Roten und des Weißen Mains zu sprudeln begann, in den Niederlanden in die Nordsee münden. Auch entlang des Rheins gäbe es einen Radweg. Den könnte man sich unter Umständen für den nächsten Radurlaub aufsparen, denn nun darf man getrost mit Stolz auf die eigene Leistung mit Mainz das Ziel des langen Wegs genießen.

Lohnenswerte
Schlenker in Mainz

⏱50 Sankt Stephan
und die Fenster von
Marc Chagall

Ab 1043 ließ Erzbischof
Bardo die hier stehende
Holzkirche, die vom spä-
teren Heiligen Willigis
errichet worden war, in
Stein ausführen. Der um
das Jahr 1267 begonnene
Nachfolgebau wurde 1340
fertiggestellt. Einzigartig
sind die Fenster der Ste-
phanskirche, die ab 1978
von Marc Chagall gestal-
tet wurden. Er wollte sie
als Beitrag zur jüdisch-
deutschen Aussöhnung
verstanden wissen. Der
Künstler schuf bis zu seinem Tod 1985 neun Fens-
ter für den vorderen Teil
der Kirche, sie zeigen bi-
blische Szenen vor dem
Hintergrund verschiede-
ner Blautöne. Chagall ent-

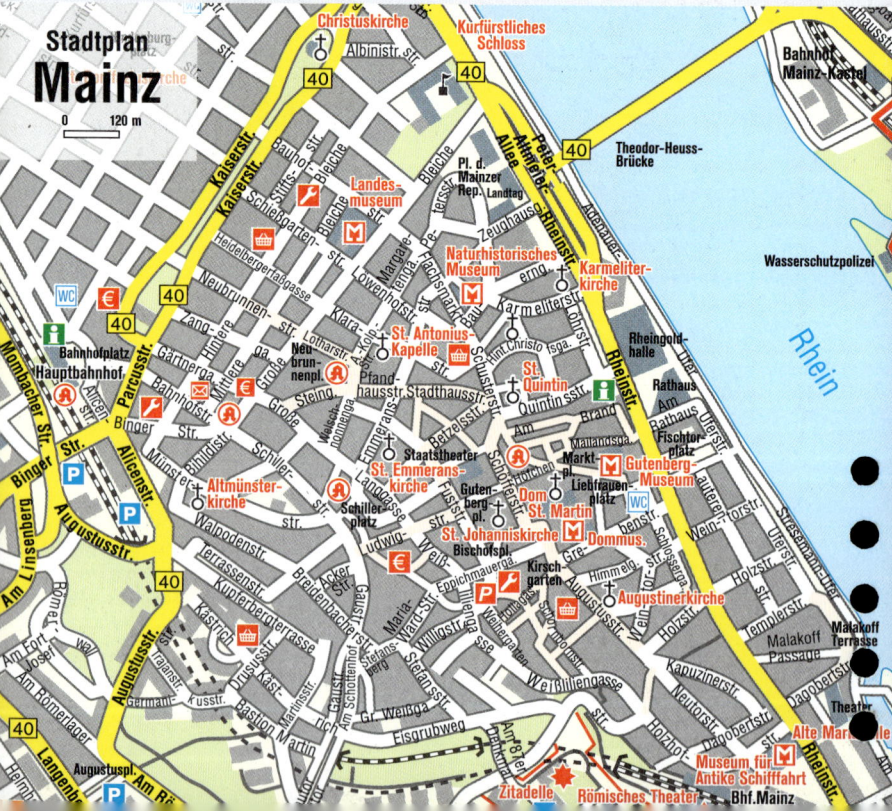

Stadtplan
Mainz

0   120 m

warf die Fenster und führte die Schwarzlotmalerei persönlich aus, die restlichen Fenster wurden nach seinem Tod von einem engen Mitarbeiter fertiggestellt.

51 Kurfürstliches Schloss

Das sandsteinrote Kurfürstliche Schloss ist mit seinen 75 m Länge ein markanter Bau am Rheinufer. 1478 ließ Erzbischof Diether von Isenburg hier die Martinsburg errichten. Der wehrhafte Vorgängerbau wurde ab dem 17. Jh. erweitert und zum Schloss ausgebaut und ab dem 19. Jh. als Kaserne zweckentfremdet, Lazarett, Zollmagazin und Zollbehörde genutzt. Nach den Verheerungen im Zweiten Weltkrieg wurde der Bau wiederhergestellt und dient heute als Veranstaltungsort und Sitz des Römisch-Germanische Zentralmuseums und einer Forschungseinrichtung für Archäologie.

52 Hoher Dom St. Martin

Erzbischof Willigis legte 975 den Grundstein für den Dom, Vorbild war der Petersdom in Rom. Noch bevor die Kirche geweiht werden konnte, fiel der Neubau einem Brand zum Opfer, erst 1036 konnte der Dom schließlich genutzt werden. Im Lauf der Jahrhunderte fanden hier sieben Königskrönungen statt, ebenso viele Brände hatte das Bauwerk zu überstehen.
Erhalten sind heute noch Anbauten mit romanischen, gotischen und barocken Elementen. Obwohl große Teile der Ausstattung mit der Zeit verloren gingen, gilt der Mainzer Dom als ein Sakralbau mit einer der reichsten Kirchenausstattungen der Christenheit. Bedeutendste Stücke sind die Altäre und die Grabdenkmäler der Erzbischöfe und einiger Prälaten.

Mainz ist nicht nur die Landeshaupt-stadt von Rheinland-Pfalz, sondern gilt auch als Weinhauptstadt Deutschlands. Neben Wein hat Mainz jedoch auch etliche Sehenswürdigkeiten zu bieten, außerdem ist es Sitz der Johannes-Gutenberg-Universität und mehrerer Rundfunkanstalten. Während

der Faschingszeit versteht sich Mainz als Hochburg der Fastnacht. Nicht unbeachtet lassen sollten kulturell Interssierte in jedem Fall die **Kirche St. Stephan** 🚲50, das **Kurfürstliche Schloss** 🚲51 und den **Dom St. Martin** 🚲52 – ein schöner Abschluss der Tour.

Essen, Trinken & Durchatmen

Ein kulinarischer Abzweig

Der Landgasthof „Wiesenmühle" liegt inmitten von Grün und in unmittelbarer Nähe der Aussichtsplattform Eisenbaum. Im Fachwerkbau wird zwischen Weinreben Apfelwein aus eigener Herstellung, hauseigene Weine und Sekt sowie bodenständige regionale Küche serviert. Nachmittags werden Kuchen und hausgemachtes Eis angeboten. Im Sommer laden die Plätze auf der Terrasse zum Aufenthalt im Freien ein, während die Großen gemütlich sitzen, können sich die Kleinen am Spielplatz vergnügen.Geöffnet von Donnerstag bis Sonntag.

Gasthof Wiesenmühle
65439 Flörsheim am Main
Tel. +49 6145 7166 und 1083
www.gasthof-wiesenmuehle.de

Am Ende des langen Weges von den Quellen des Mains bis zu seiner Mündung in den Rhein passiert man die „Rhein-Main-Terrasse". Hier lässt sich im Sommer von der großzügigen und mediterran angelegten Terrasse aus nochmals das letzte Stück des Mains genießen, während man vielleicht die hinter sich liegende Reise Revue passieren lässt. Serviert wird typisch deutsche Küche, nachmittags gibt es Kuchen. Das Restaurant liegt direkt an der Rheingauer Riesling Route. Mittwoch Ruhetag.

Rhein-Main-Terrasse
Maaraue 21
55246 Mainz-Kostheim
Tel. +49 6134 4712
www.rhein-main-terrasse.de

Der
Mainradweg

Mühlheim

Gemünden

Mainz

Klingenberg

Schweinfurt

Bad
Staffelstein

Main-
zusammen-
fluss

Kulmbach

Weißmainquelle
bei Bischofsgrün

Rotmainquelle
bei Creußen

Kitzingen

N

Teil 2
Roadbook

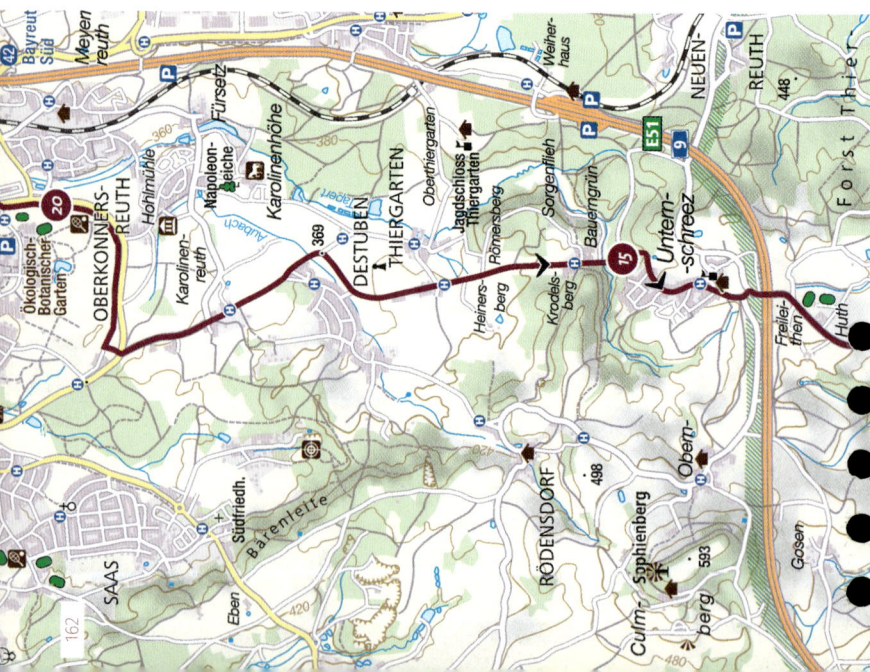

Start

①Start am Bahnhof in **Creußen** → *Bahnhofstraße*, rechts in *Sperkengasse* → rechts in *Bayreuther Straße* bis *Gottsfelder Straße* → auf Fahrstreifen links der Straße bis *Alte Gottsfelder Straße* → bis Einmündung *Gottsfelder Straße* → rechts durch **Unterneueben, Oberneueben,** bis

②Abzweigung *Roter-Main-Ursprung* → rechts vorbei an **Sahrmühle,** durch **Haag** → Unterquerung A9 → durch **Unterschreez** auf *Oberschreezer Straße, Bayreuther Straße* → *Unterschreezer Straße* bis *Thiergärtner Straße* (begleitender Radweg) in **Bayreuth**

③*Universitätsstraße* queren, Radweg rechts, vorbei am *Sportplatz* → *Universitätsstraße* an *Radwegabzweig* rechts unterqueren, sofort links weiter → *Radweg* bis *Jean-Paul-Straße* folgen → bis *Zeppelinstraße,* dann rechts → bis zu drittem Straßenabzweig geradeaus → links in *Lisztstraße* bis Ende → rechts in *Wahnfriedstraße* vorbei an *Haus Wahnfried* → links *Richard-Wagner-Straße* bis *Sternplatz* → zweite rechts in *Opernstraße* → nach *Markgräfliches Opernhaus* links bis *Luitpoldplatz* → rechts bis

④*Hohenzollernring*

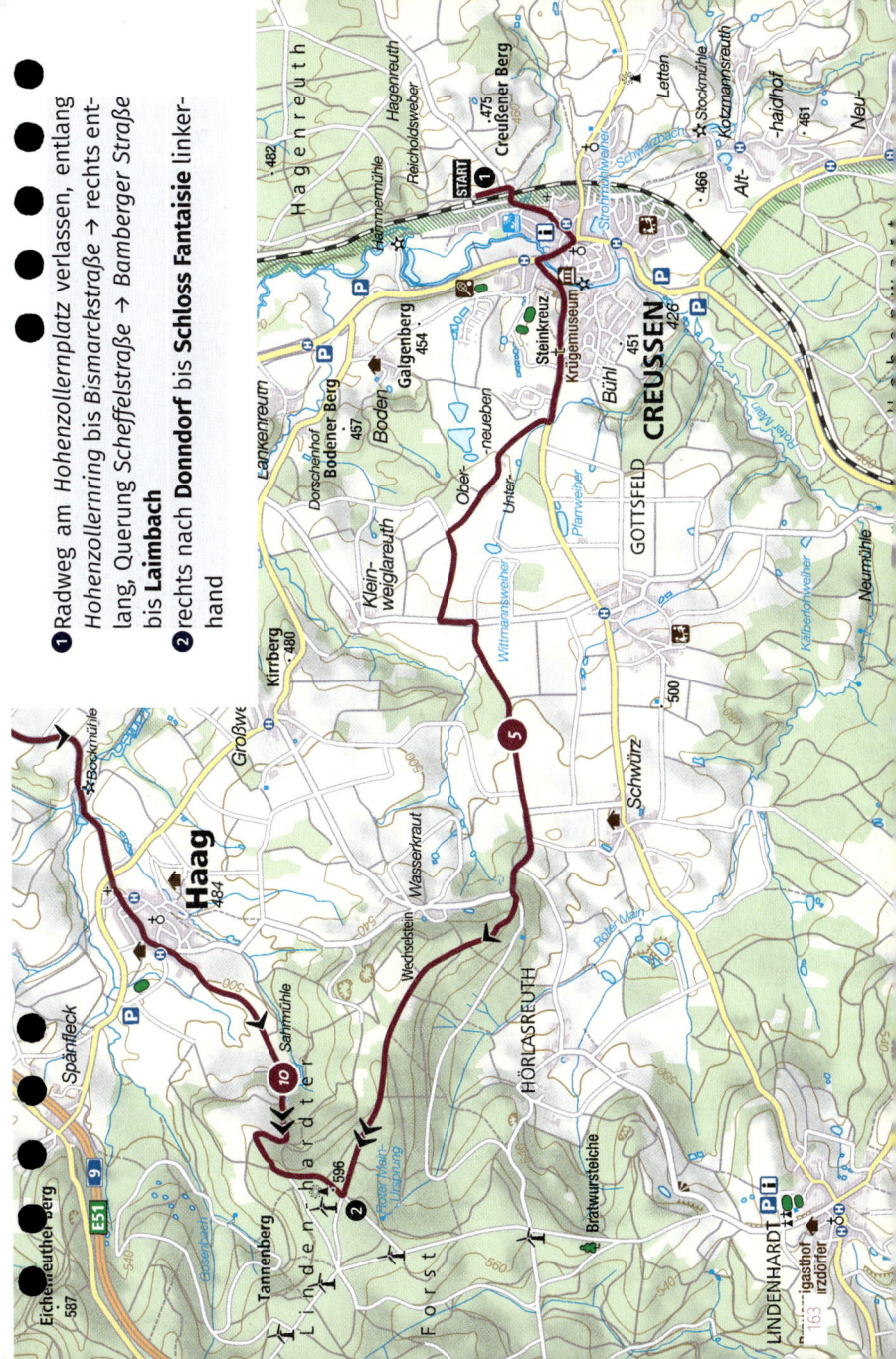

1 Radweg am *Hohenzollernplatz* verlassen, entlang *Hohenzollernring* bis *Bismarckstraße* → rechts entlang, Querung *Scheffelstraße* → *Bamberger Straße* bis **Laimbach**

2 rechts nach **Donndorf** bis **Schloss Fantaisie** linkerhand

→ Querung St2189 → geradeaus vorbei an **Unterobsang** rechterhand → Querung St2189, rechts haltend geradeaus weiter → Unterquerung E48

③ nach **Unterobsang** kurz nach *Baumgartner Orgelbau* links, gleich rechts auf Radweg, im Linksbogen entlang Wald → Überquerung St2189 in **Limmersdorf** rechts → Querung *Limmersdorfer Straße* → Unterquerung B303 →
④ **Thurnau**

⑦ in **Langenstadt** nach lang gezogener Rechtskurve Roten Main queren → durch **Dreschen** → an zweiter Kreuzung links → vorbei an **Gößmannsreuth** → durch **Oberzettlitz, Unterzettlitz,** immer dem Straßenverlauf nach → St2190 queren → zweite Straßeneinmündung von links in **Melkendorf** nach links in *Hans-Glenk-Straße* → *Hauptstraße* queren, links weiter auf Radweg → vorbei am Sportplatz, weiter auf Radweg parallel zur *Hauptstraße* → Querung Roter Main → am Ortsrand von **Katschenreuth** in die *Frankenberger Straße* → erste Möglichkeit rechts zum *Parkplatz Mainzusammenfluss* → rechts entlang der Felder, gleich links zum

⑧ *Mainzusammenfluss* → diesen queren, rechts entlang des Weißen Mains bis Querstraße *Maingasse* → links vorbei an *Mainauensee*, bis von rechts die
⑨ Startvariante von der Rotmainquelle auf den Routenverlauf trifft/**Ziel**

④ *Hohenzollernring* überqueren und gleich links entlang *Mainstraße* mit Rotmainbegleitung links möglichst nah am Fluss bis Querstraße *Mainflecklein* → kurz nach links folgen, gleich rechts weiter auf Radweg → immer geradeaus (Roter Main rechts) → Unterquerung *Nordring,* gleich danach rechts → geradeaus durch Felder → scharfer Links-Rechts-Linksknick an einer Siedlung → an großer Kreuzung mit *Kulmbacher Straße* rechts → Straßenverlauf folgen → erste Straßenkreuzung in **Heinersreuth** rechts auf *Dr.-Hans-Friedel-Straße* → weiter durch Felder rechterhand → Passieren der ersten Häuser rechterhand, gleich links in *Mühlstraße*

⑤ bei **Heinersreuth** links des Roten Mains *Zu den Spiegelwiesen* → vorbei an **Hahnendorf** → in **Unterwaiz** B85 queren, gleich rechts in *Alte Dorfstraße* → bis **Altenplos** → nach Links-Rechtskurve um Gebäude mit Blumenladen gleich links einbiegen → geradeaus bis zur querenden *Schulstraße* → rechts, die B85 queren, gleich danach rechts, sofort wieder links in die *Mainstraße* → Roten Main überqueren, entlang von Feldern, an der Kreuzung links halten → Straße entlang vorbei an **Neuenplos, Dreschenau**

⑥ bei **Neudrossenfeld** Straßenverlauf folgen, dabei an den Kreuzungen links halten → erneut Roten Main queren → rechts ab in die *Lange Gasse* → Querung B85, an erstem asphaltiertem Abzweig rechts → durch Felder, Wald

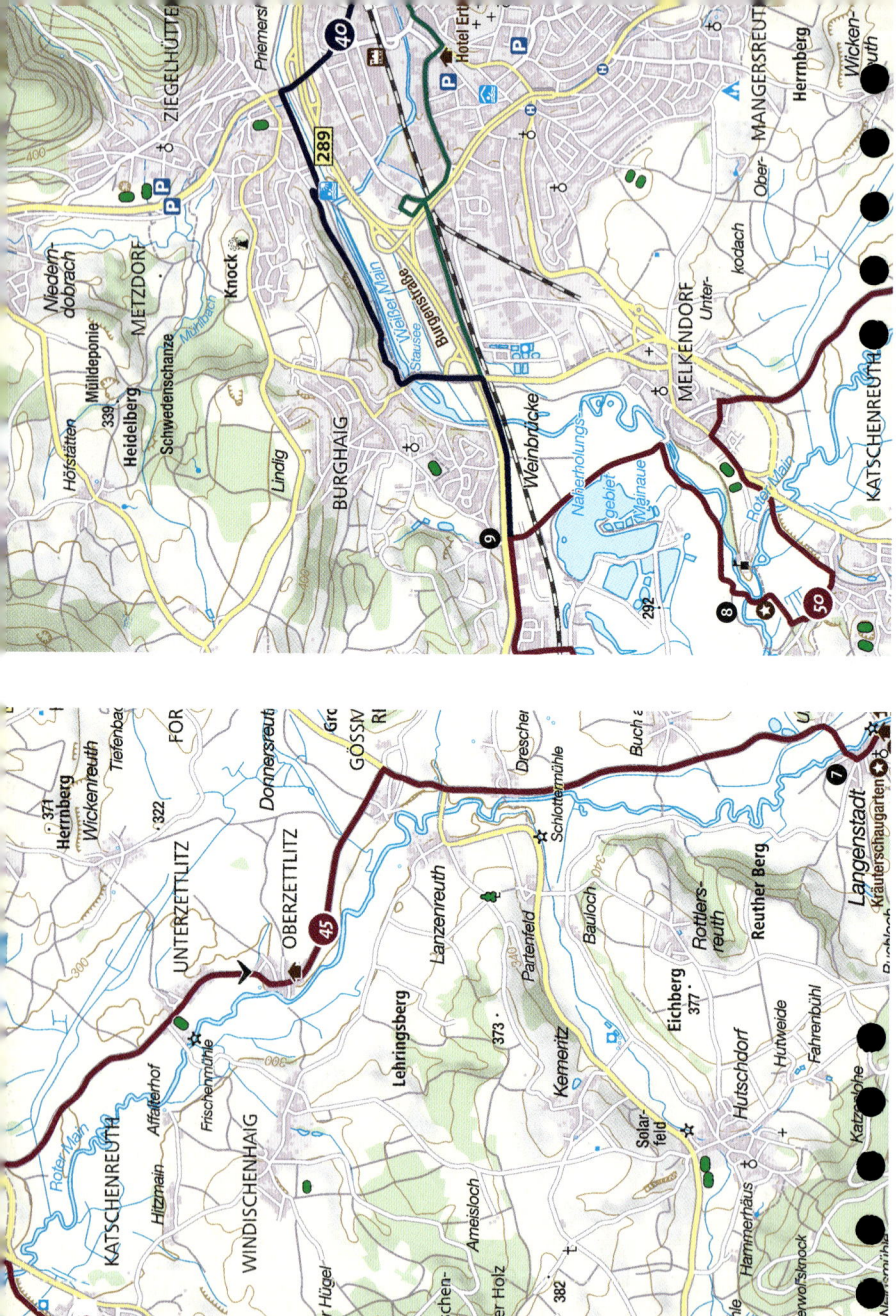

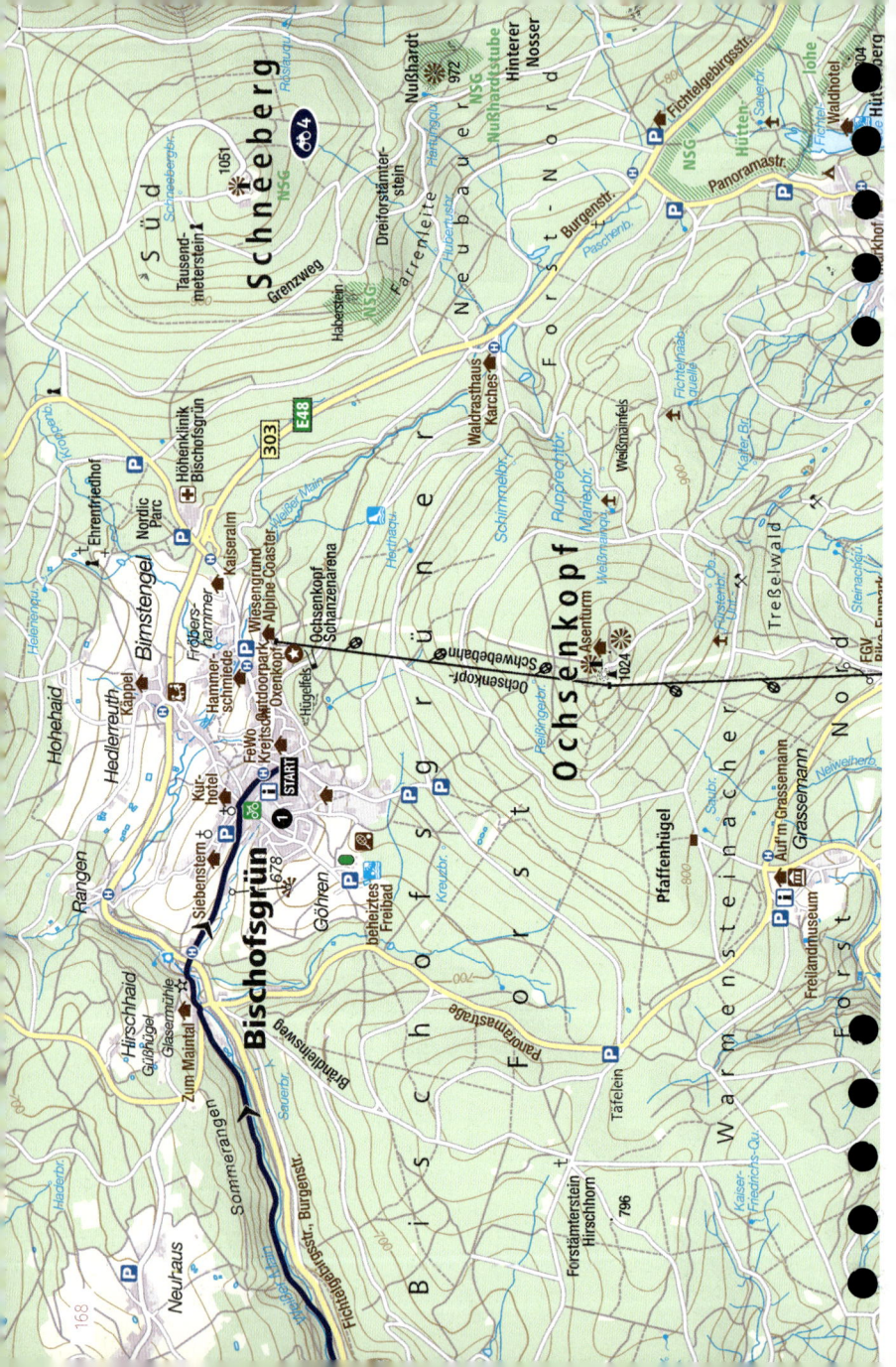

Start

● Ortsmitte **Bischofsgrün** über *Haupt-* und *Bahnhofstraße* Richtung **Kulmbach** → Querung B303 → links haltend durch **Glasermühle** → auf Radweg mit Weißmainbegleitung bis **Goldmühl** → Unterquerung B303 → Querung *Goldmühler Straße* → auf Radweg entlang Weißem Main und B303 weiter bis

● **Bad Berneck** → an Bundesstraße kurz links → Überquerung Weißer Main → rechts in *Kulmbacher Straße* → Straßenverlauf folgen bis Radabzweig links direkt vor B303 → nach E-Werk links, erste Möglichkeit rechts → in **Gleisenhof** nach großem Parkplatz links in *Kulmbacher Straße* → Querung E51 → gleich links in *Bahnhofstraße, Gleisenhof* bis scharfe Rechtskurve direkt vor Weißem Main → *Am Main* folgen durch Felder → nach Siedlungsbeginn **Himmelkron** links in *Maintalstraße, Bernecker Straße, Am Häfnershügel* bis querender *Markgrafenstraße*

● *Markgrafenstraße* links folgen für Abstecher zur Baille-Maille-Alle → Weißen Main überqueren → gleich rechts Beginn der

Baille-Maille-Allee

● dieser rechts folgen bis *Ringstraße* → links *Ringstraße* aus Siedlungsgebiet folgen → durch Felder rechts auf *Wirsberger Weg* → an Weggabelung rechts → Wegverlauf

169

durch Felder, Wald folgen bis Pferdekoppel linkerhand → gleich darauf rechts über Bahngleise bis *Schmeller-weg* → diesem folgen bis *Hauptstraße* → rechts folgen bis Gewerbegebiet → Wechsel auf Radweg → Querung B303, gleich links in Auweg → zweite Abzweigung links → Straßenverlauf parallel zu B303 folgen bis **Ludwigschorgast**

④ in **Ludwigschorgast** *Hauptstraße* queren → nach wenigen Metern bei *Flurgasse* Querung B303 → links, vorbei am Bahnhof, Queren der Gleise und rechts auf Rad- und Feldweg entlang der Gleise bis

⑤ **Untersteinach → Kauerndorf →**

⑥ **Kulmbach** → am Skateplatz *Grünwehr* überqueren → entlang des Weißen Mains → Querstraße bei Parkplatz links → *Pörbitscher Weg* queren → rechten Weg vorbei an Spielplatz wählen → nach Bachquerung links → nächste Kreuzung rechts

③ Der *MaintalRadweg* führt weiter nach links in *Sutte*. Um Plassenburg zu erreichen: rechts in *Sutte → Graben-straße* queren, in *Spitalgasse* bis *Spitalkirche* → links in *Spitalgasse → am Weißen Turm* rechts in *Röthleinsberg* bis *Festungsberg* und links zur

④ **Plassenburg**

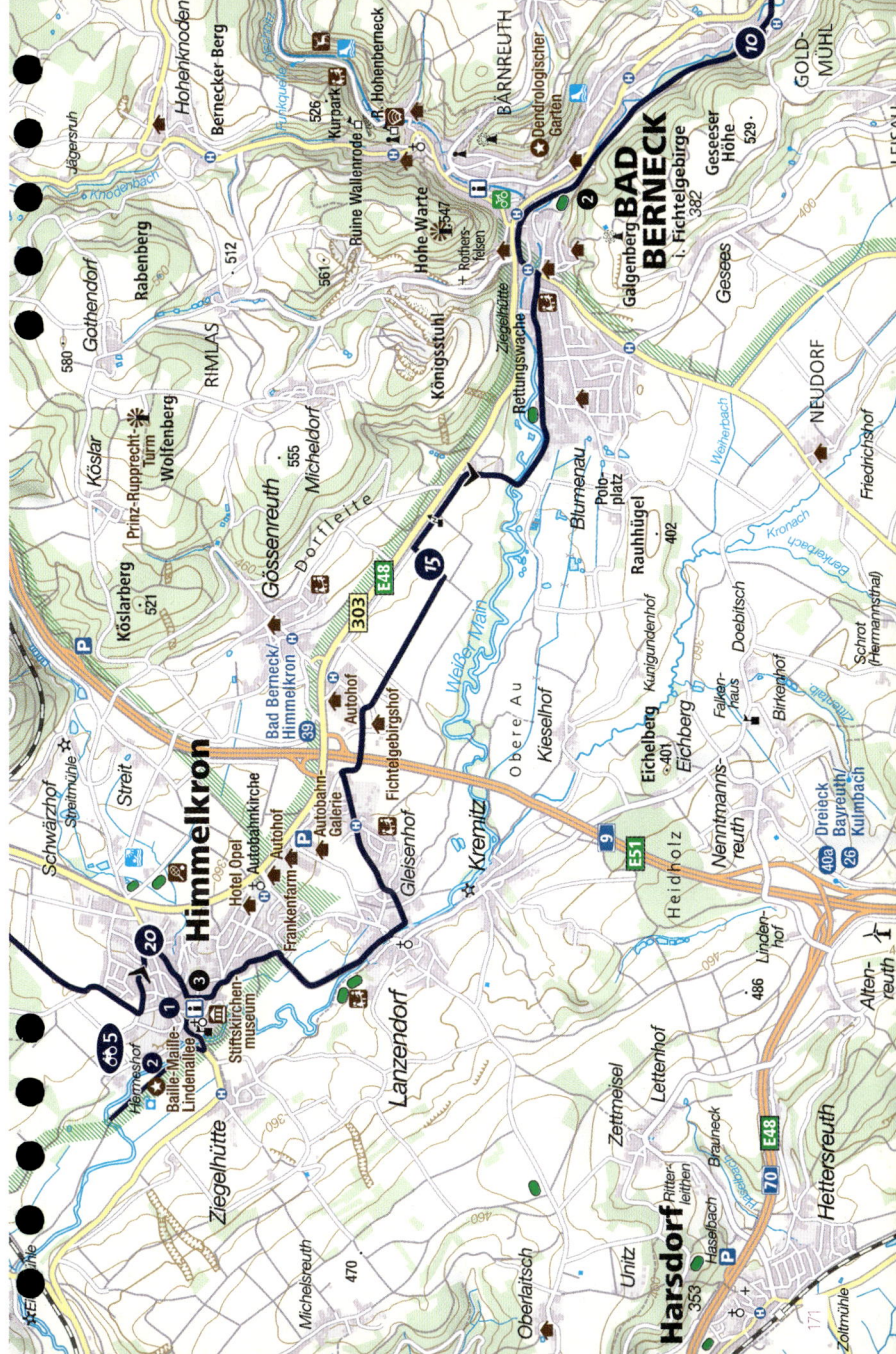

6 Kulmbach → rechts in *Sutte* → an Kreisverkehr geradeaus → Bahngleise queren → auf straßenbegleitendem Radweg weiter → Querung *Albert-Ruckdeschel-Straße* → Unterquerung B289 → Überquerung Weißer Main, gleich rechts und in kleiner Rechtsschleife weiter entlang der Flutmulde des Weißen Mains → an querender Straße rechts → erster Abzweig links entlang des Weißen Mains → Weißen Main überqueren → geradeaus bis Unterquerung B289 → ein Stück parallel zur B289, bis von links die

7 Startvariante von der Rotmainquelle auf den Routenverlauf trifft/**Ziel**

173

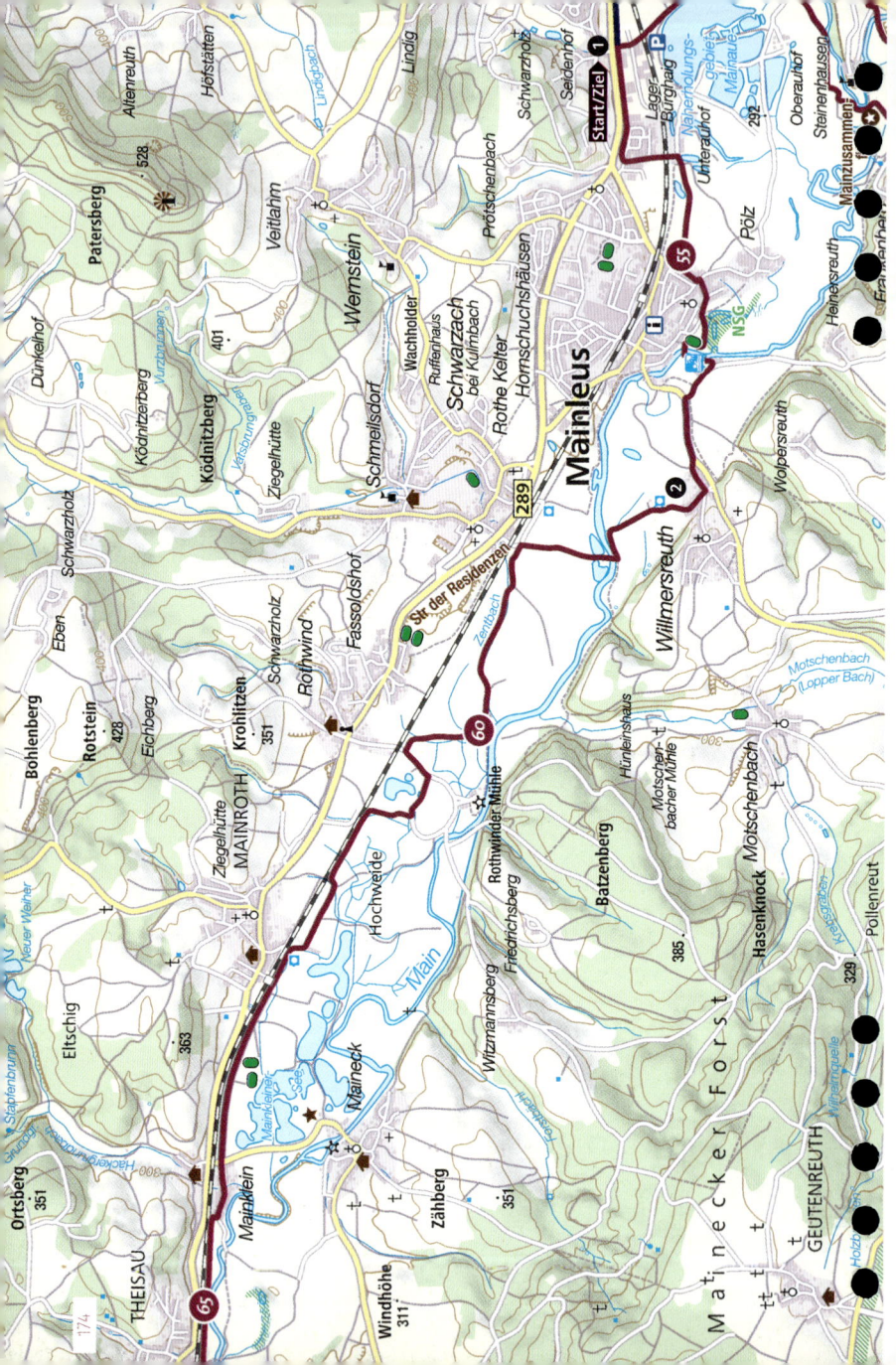

Start

❶ Am Punkt des Zusammentreffens der beiden Quellstartvarianten noch ein Stück weiter parallel zu B289 → Linksschwenk, gleich darauf rechts an einem Teich vorbei → in **Mainleus 1.** Abzweig links in *In der Nassau* → kurz links in *Pölzer Straße* und gleich rechts in *Eugen-Ritter-Straße* → *Sportplatz* links umrunden und links den Main queren → links kurz entlang des Mains, gleich rechts in *Heinersreuther Straße* → links auf Radweg straßenbegleitend, gleich rechts durch Unterführung auf *Auweg* in

❷ **Willmersreuth** → an nächster Kreuzung rechts, Weg aus **Willmersreuth** folgen, durch Wiesen und Felder bis möglicher Mainquerung rechts → vor Bahngleisen links halten → nächste Abzweigung (erneut vor Bahngleis) links → Umrunden der Teiche → bahnbegleitend bis **Mainklein** → Ortsende von **Mainklein** rechts auf bahnbegleitendem Radweg → Unterquerung der Bahngleise bei

❸ **Burgkunstadt** → gleich links *In der Au*, erste Möglichkeit rechts und gleich nochmals rechts → Überquerung B289 → links weiter auf Radweg und gleich nochmalige Überquerung B289 in *Weismainer Straße* → nach Mainquerung rechts auf Radweg parallel zu *Strössendorfer Straße* → durch **Strössendorf**, nach *Trebitzmühle* rechts durch Wald bis **Burgstall** → **Burgstall** rechts umrunden → bei **Hochstadt am Main** gleich rechts um Ort herum → rechts auf *Hauptstraße* Bahngleise überqueren, links

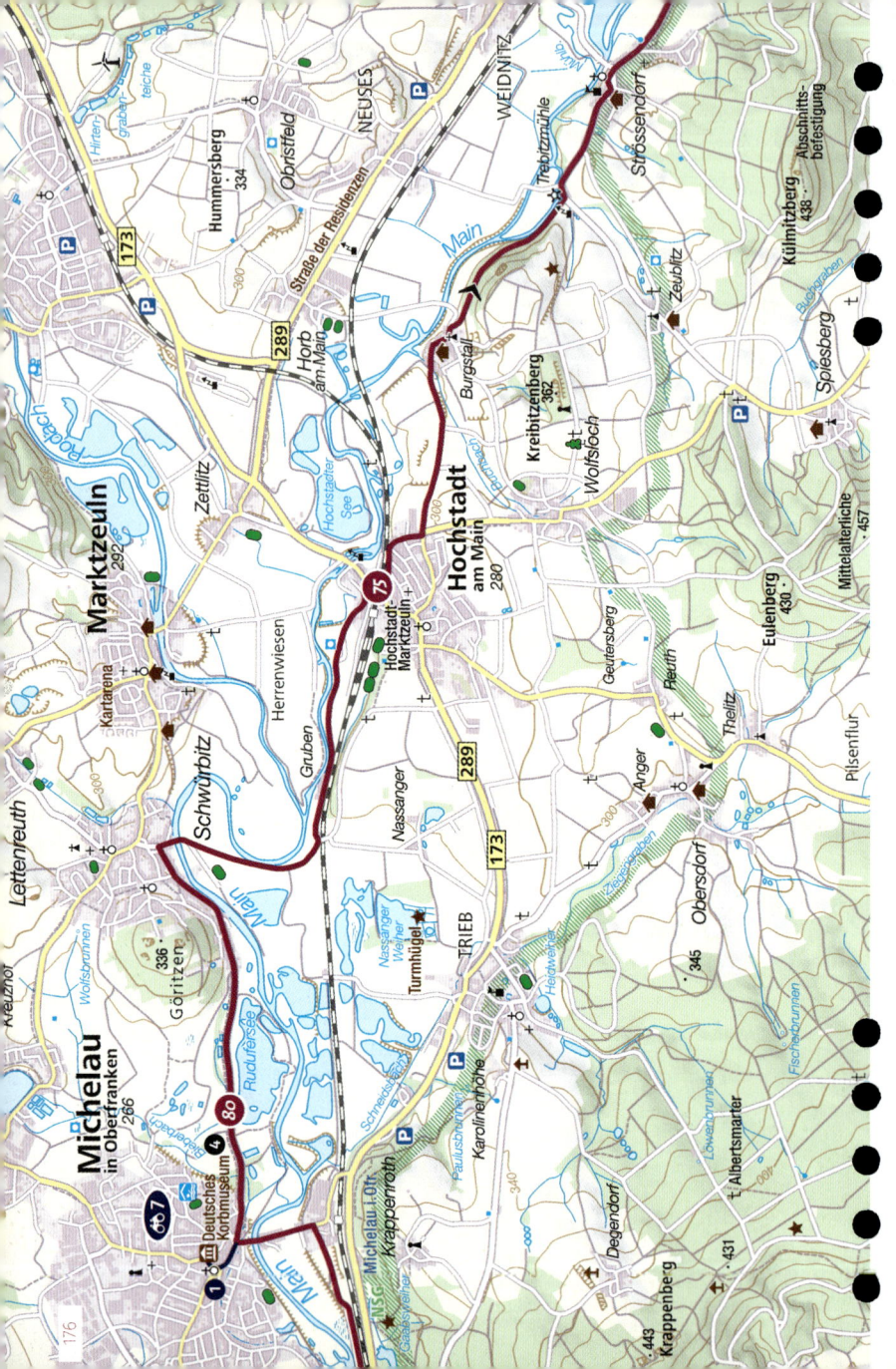

in *Bahnhofstraße*, sofort rechts-links in *Grubener Weg* → Wegverlauf folgen bis Mainquerung bei **Schwürbitz** → links in *Michelauer Straße* → ab *Rudufersee* auf Radweg bis Siedlungsbeginn

④ Michelau

① *Obere Mühlenstraße* folgen → rechts in querende *Bahnhofstraße, Freiherr-vom-Stein-Straße, Kirchplatz* → in Rechtsbogen zu Kreuzung mit *Neuenseer Straße* → **Deutsches Korbmuseum** rechts

④ in **Michelau** *Obere Mühlenstraße* queren → links in *Bahnhofstraße* → vor B173 rechts in *Mainuferweg* → bei **Lichtenfels** links halten bis *Brückenberg* → nach Überquerung Bahngleise rechts bis *Dr.-Martin-Luther-Straße* → links, gleich rechts in *Kronacher Straße* → Straßenverlauf folgen bis *Marktplatz* → links in *Innere Bamberger Straße* → Wegverlauf folgen bis

⑤ Bahnhof **Lichtenfels** → 2. Abzweig links in *Viktor-von-Scheffel-Straße* → 3. Abzweig rechts in *Konrad-Adenauer-Straße* → nach Unterquerung B173 rechts in *Siedlerstraße* → Wegverlauf zwischen Feldern folgen bis

⑥ Aussichtsplattform

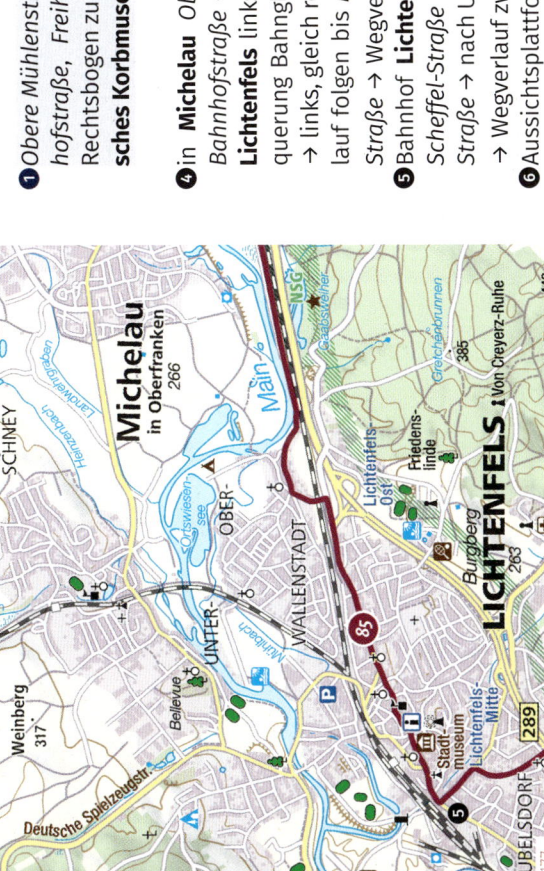

● ● ● ● ●

2 → an der Aussichtsplattform geradeaus bis **Vierzehnheiligen**

→ an der **6** Aussichtsplattform rechts, durch **Grundfeld** über *Dorfstraße, Schönthalstraße* rechts, *Bundesstraße* links → Ortsende rechts → Überquerung A73

3 rechts am *Schönbrunner See* durch **Reundorf** auf *Schönbrunner Straße* → hinter Kirche in *Grundfelder Straße,* gleich rechts in *Kastanienweg* → Mainüberquerung nach Ortschaft → Umrundung der Mainschleife nach links → in **Weingarten** rechts auf *Maintalweg, Herzogstraße* bis *Querstraße* → links bis

4 **Kloster Banz.** Zurück zur Route auf gleichem Weg oder weiter dem Straßenverlauf folgen bis St2204 → links durch **Unnersdorf** → **Bad Staffelstein**

7 links am *Schönbrunner See* → durch **Schönbrunn** auf *Reundorfer Straße,* Überquerung Bahngleise links → rechts auf Radweg → Überquerung St2204 →

8 **Bad Staffelstein/Ziel**

Start

1 In **Bad Staffelstein** kurz auf *Schönbrunner Weg* → Überquerung Bahngleise rechts → Kreisverkehr 2. Ausfahrt *Am Kurpark* → an Querstraße links in *Auwaldstraße* → bahnbegleitend **Bad Staffelstein** verlassen bis kurz vor **Unterzettlitz** → durch Felder zum Main → **Niederau** →

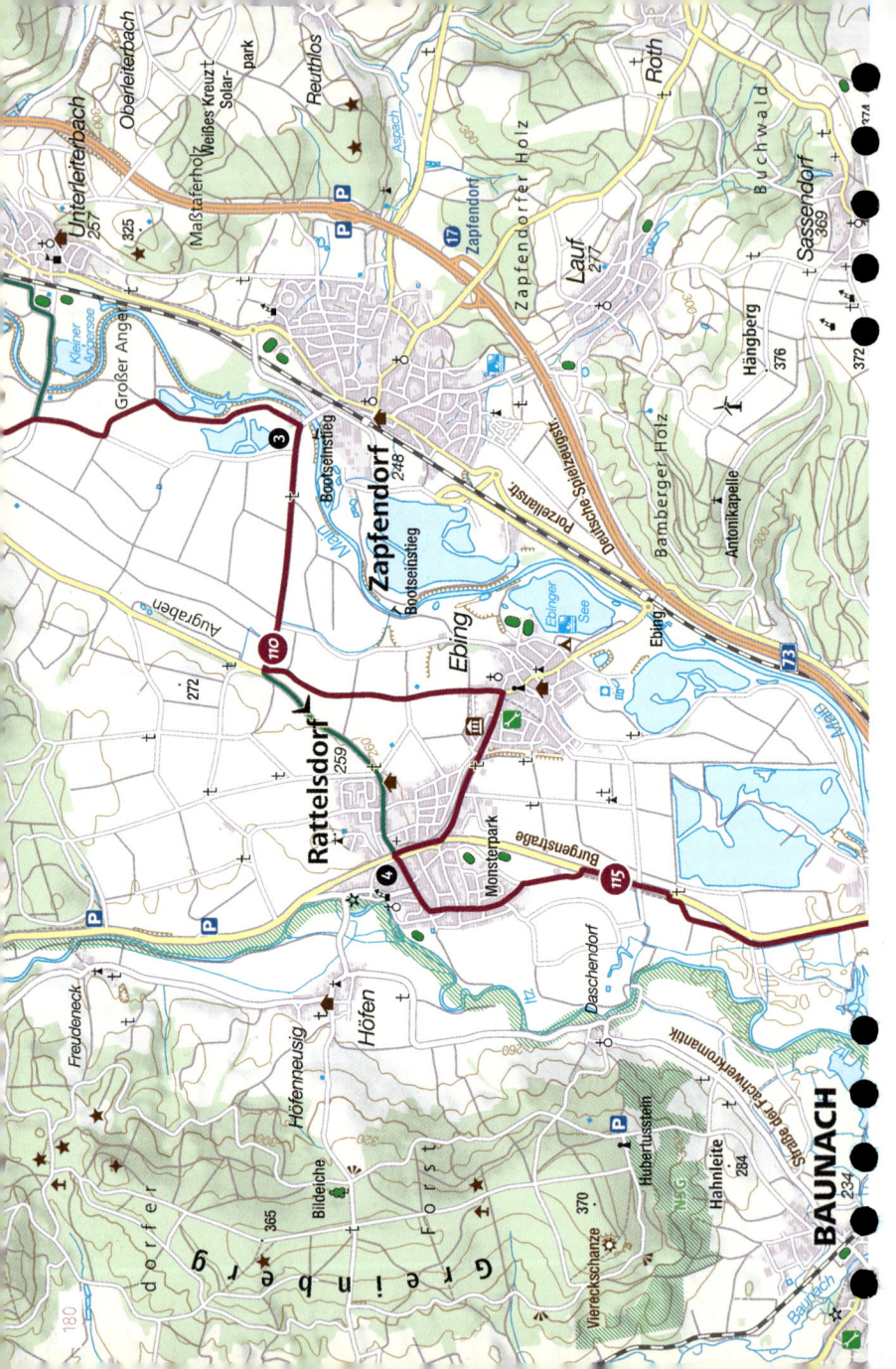

②Ebensfeld → *Bahnhofsstraße, Gries* → Mainüberquerung an St2987 → links nach **Oberbrunn** in *Ziegelanger* und *Wiesenweg* links → auf straßenbegleitendem Radweg bis **Unterbrunn** → am Ortsanfang in *Angerweg* bis *Großer Angersee* → vorbei an *Kleiner Angersee* bis Nähe

③Zapfendorf, vor Ortsgebiet rechts in *Mainstraße* → entlang von Felder bis zu einem einzeln stehenden Haus linkerhand → davor links → geradeaus entlang von Felder bis **Ebing** → in Ortszentrum rechts auf straßenbegleitendem Radweg bei *Ebinger Hauptstraße* → an Bushaltestelle rechts und gleich links → weiter bis *Kaulberg in*

④Rattelsdorf → entlang *Hauptstraße, Bamberger Straße* → am Ortsende rechts → vor B4 rechts auf straßenbegleitendem Radweg → stets entlang der Felder bis Querung B4 zwischen zwei Baggerseen → rechts → Unterquerung B4 → weiter bis Siedlungsbeginn

⑤Breitengrüßbach → entlang *Lichtenfelser Straße* → an großer Kreuzung rechts in *Braunacher Straße*, gleich links in *Kirchplatz* → 1. Abzweig rechts in *Austraße* → 1. Abzweig links in *Bühlstraße* → Straßenverlauf folgen bis Unterquerung A73 → weiter bis

⑥Kemmern → Ortsbeginn rechts *Am Sand* → 2. Abzweig links in *Wacholderweg* → rechts in *Breitengrüßbacher Straße* → Straßenverlauf folgen, vobei an *Kirche St. Peter*

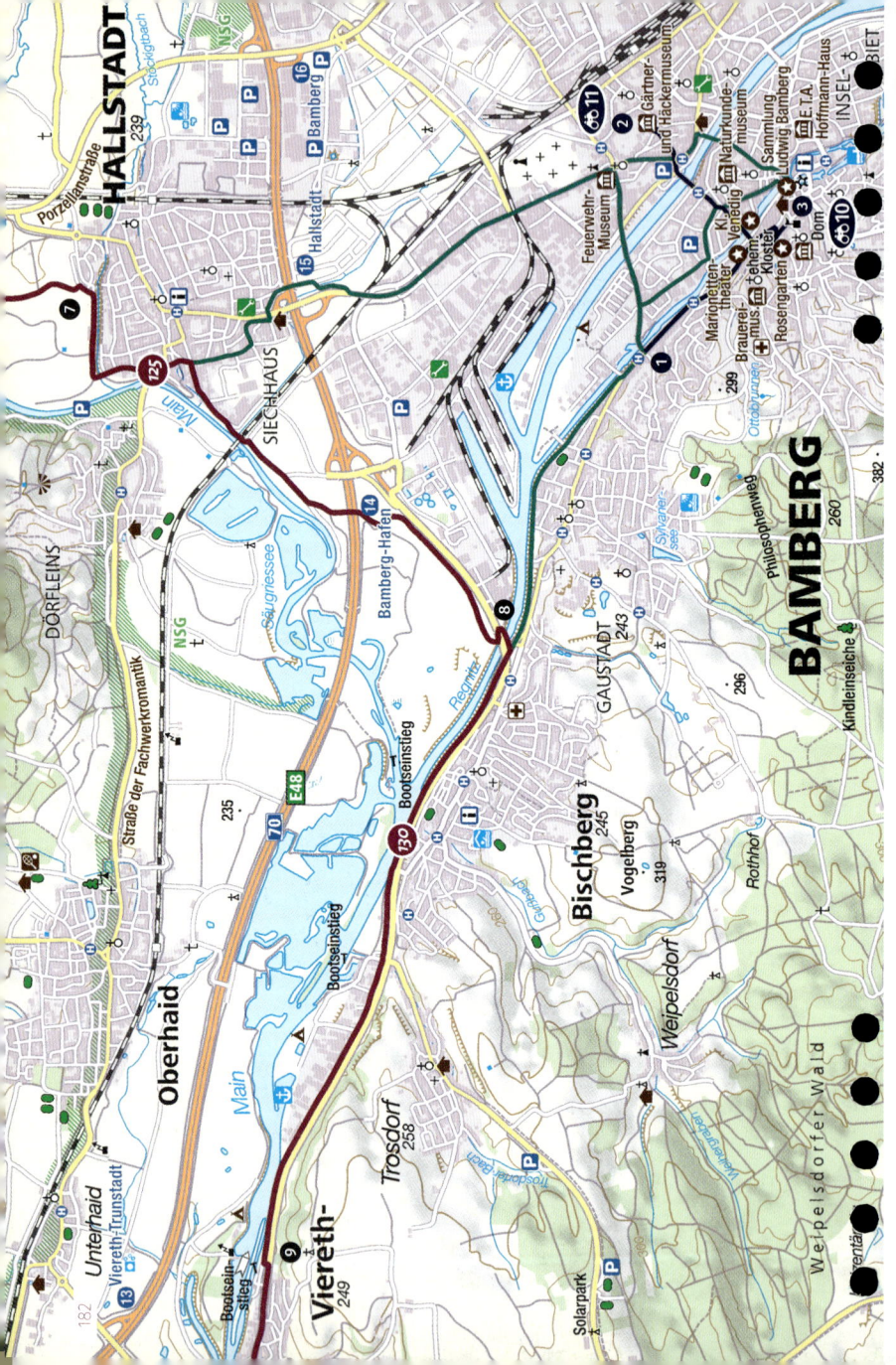

HALLSTADT

239

Porzellanstraße

Stegaurach

NSG

Bamberg

Hallstadt

125

SIECHAUS

Main

DÖRFLEINS

Saügnessee

NSG

Straße der Fachwerkromantik

Bamberg-Hafen

E48

70

235

Oberhaid

Unterhaid

Viereth-Trunstadt

13

Bootsein-
stieg

9

Viereth
249

Bootseinstieg

Main

Trosdorf
258

130

Bootseinstieg

Bischberg
245

Vogelberg
319

Weipelsdorf

Solarpark

GAUSTADT
243

296

Rothhof

Kindleinseiche

Weipelsdorfer Wald

BAMBERG
260

Philosophenweg

Silvaner-
see

382

8

Feuerwehr-
Museum

Gärtner-
und Hackermuseum

Naturkunde-
museum

Sammlung
Ludwig Bamberg

E.T.A.
Hoffmann-Haus

INSEL-
BIET

11

2

Klein
Venedig

Marionetten-
theater

Öffentl.
mus.

Brauerei-
mus.

Rosengarten

Dom

10

3

Ottobrunnen

299

1

182

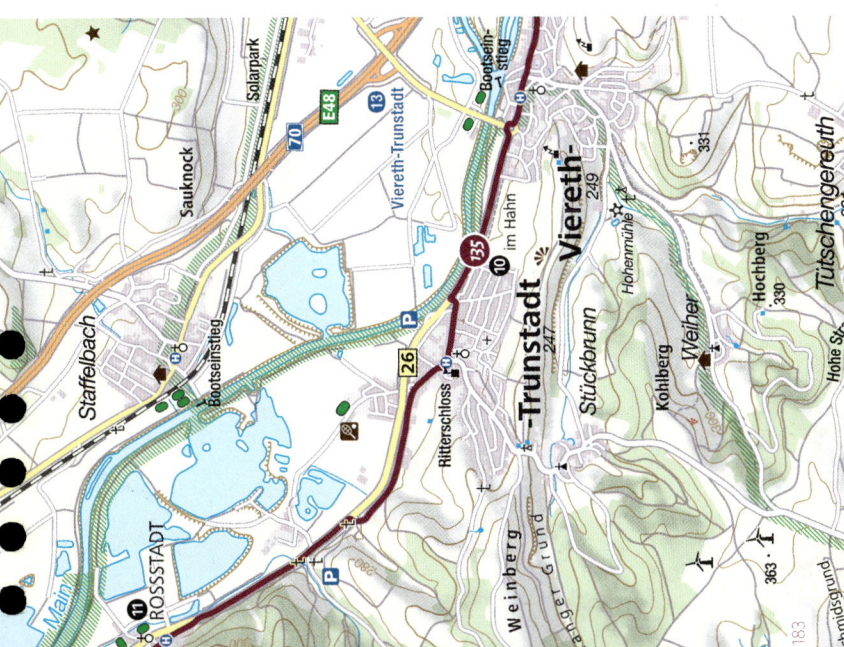

und **Paul** → immer geradeaus **Kemmern** verlassen → geradeaus entlang von Feldern bis

❼ Hallstadt → rechts den Ort umrunden → Linkskehre, *Mühlhofstraße* → an St2281 links in *Mainstraße*, gleich rechts in *Tiergarten*, an querender *Valentinstraße* rechts → Unterquerung Bahngleise, gleich rechts → entlang von Feldern und Main auf Asphalt bis Unterquerung A70 → Radweg straßenbegleitend folgen bis

❽ Überquerung Regnitz →

→ links an *Gaustadter Hauptstraße, Schweinfurter Straße, Untere Sandstraße*

❶ links auf *Markusstraße* über *Regnitz* → an Kreuzung geradeaus *Innere Löwenstraße* über *Löwenbrücke* → rechts auf *Äußere Löwenstraße*, rechts in *Siechenstraße*, gleich links in *Färbergasse* → an T-Kreuzung rechts in *Mittelstraße* → linkerhand

❷ Gärtner- und Häckermuseum

❶ *Untere Sandstraße* bis T-Kreuzung → vorbei an Bamberger *Krippenmuseum* rechterhand → gleich rechts in *Grünhundsbrunnen*, links in *Residenzstraße* → rechts zu

❸ Bamberger Dom

❽ Überquerung *Regnitz* → rechts an *Gaustadter Hauptstraße* bis *Brauerei zur Sonne* rechterhand → rechts in

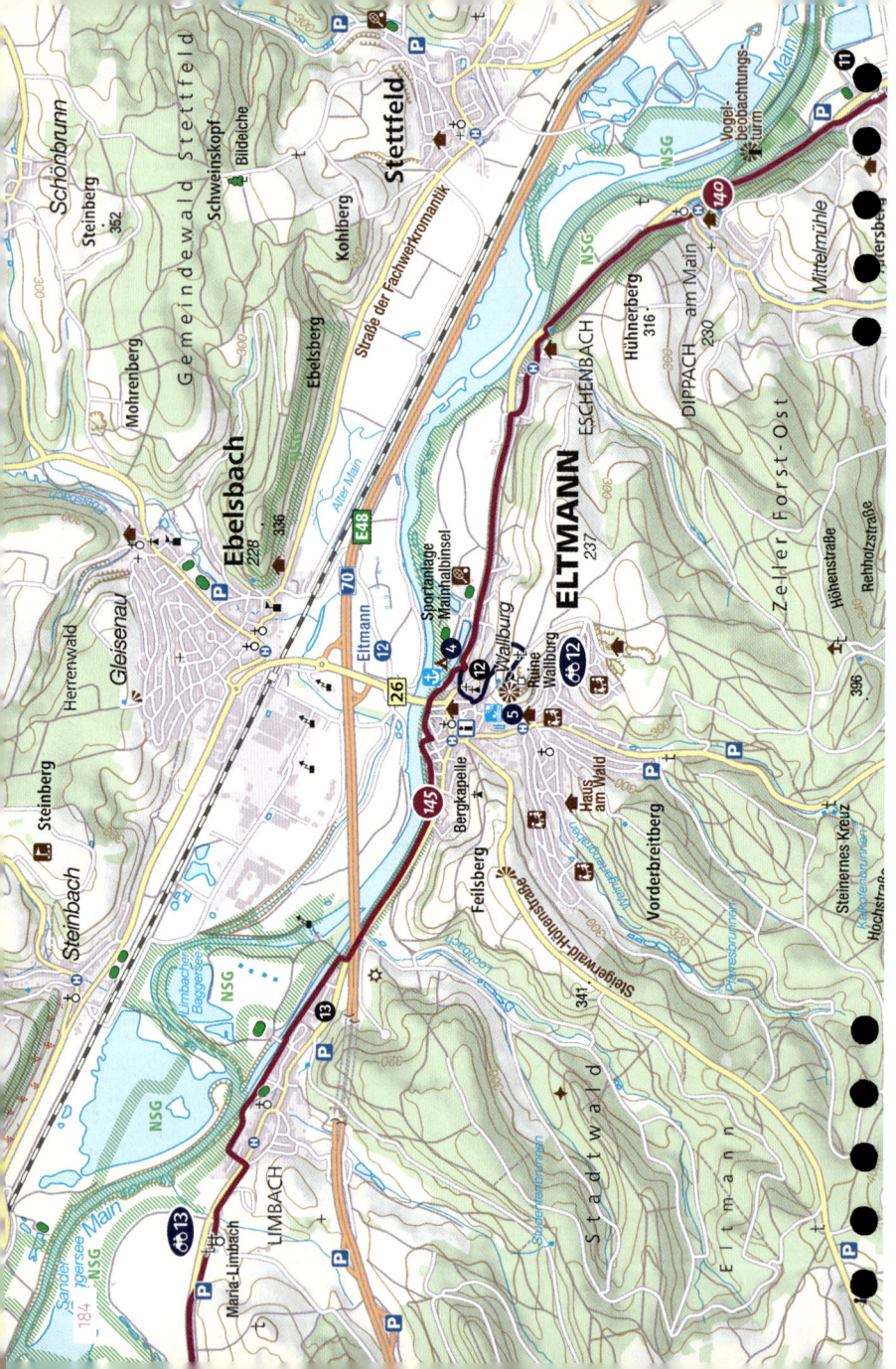

Regnitzer Straße → Unterquerung Bundesstraße → links auf Radweg straßenbegleitend bis

⑨Viereth → Querung *Hauptstraße* an Bushaltestelle → entlang *Hauptstraße* rechterhand bis Kreisverkehr → links umrunden → Wegverlauf folgen bis

⑩Trunstadt → an *Trunstadter Hauptstraße* links → Straßenverlauf folgen aus Ort hinaus bis kurz vor *Bundesstraße* → links in straßenbegleitenden Radweg bis

⑪Roßstadt → auf *Frankenstraße* durch Ort → kurz vor **Dippach** → auf *Zehntstraße* → auf *Bundesstraße* links durch Ort, diesen verlassen und vor *Bundesstraße* links → durch **Eschenbach** auf *Eltmanner Straße* bis **⑫** Rot-Kreuz-Haus linkerhand →

④ bei Rot-Kreuz-Haus linkerhand geradeaus auf *Bamberger Straße* bleiben → vorbei an Tankstelle, gleich links an Straßengabelung in *Am Fichtenbach* → an Kreuzung links in *Schloßsteige* → Wegverlauf durch Wald folgen, an Feldkreuzung rechts zur

⑤Wallburg

⑫ bei Rot-Kreuz-Haus linkerhand rechts die *Bamberger Straße* überqueren, links entlang des Mains → *Brückenstraße* unterqueren, rechts in *Mainlände* halten und weiter auf Radweg entlang von Main und *Limbacher Straße* bis Unterquerung A70 → rechts halten entlang des Mains

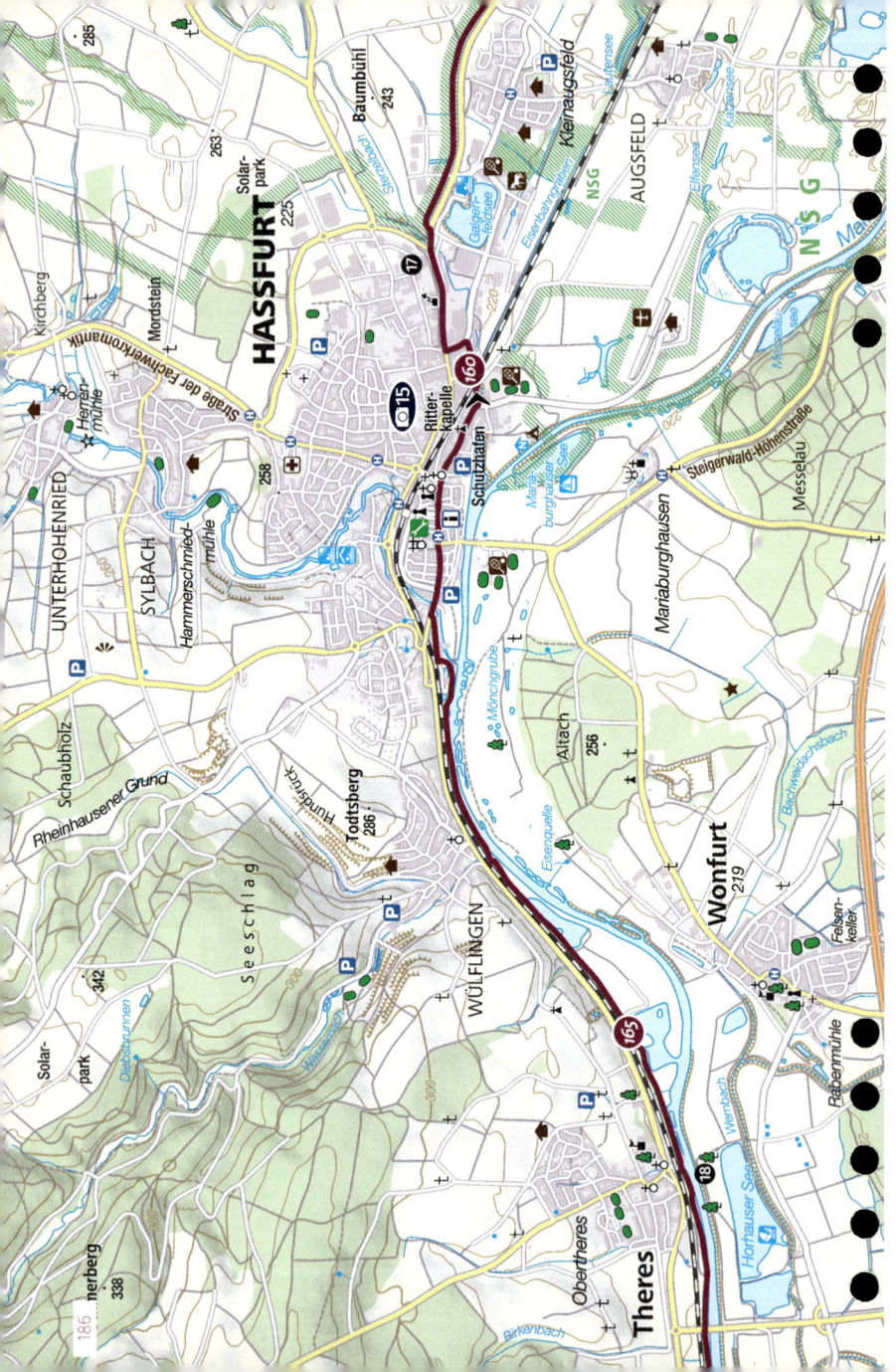

auf *Schifferweg, Zur Schleuse, Flößerweg* → vorbei an Festplatz Limbach, mit Linksknick in *Hutwiese* → *Hauptstraße* in

⑬ Limbach überqueren und gleich rechts in *Zur Wallfahrtskirche* → dieser folgen bis *Wallfahrtskirche Maria Limbach* → Wegverlauf folgen bis Siedlungsbeginn

⑭ Sand am Main → mit Wegverlauf links in *Hauptstraße* → rechts an Kreuzung mit *Zeiler Straße* → Kirche rechts umrunden und gleich rechts in *Maingasse, Seestraße* bis T-Kreuzung *In der Au* → rechts und gleich links straßenbegleitend zu *Zeiler Straße* → Querung Main, Querung Kreuzung → kurz entlang *Sander Straße* → an Kreuzung rechts in *Obere Altach*, gleich links in *Krumbach* bis Querung Bahngleise in

⑮ Zeil am Main → nach den Tennisplätzen rechts in *Mittelweg* → Wegverlauf links haltend folgen → links in *Bamberger Straße* → **⑯** *Hauptstraße*

⑥ rechts in *Bamberger Straße* → an Bushaltestelle rechterhand links in *Schmachtenberg* → rechts an Weggabelung → durch Wald bis Kreuzung → rechts vorbei an Parkplatz, auf Feldweg bis

⑦ Ruine Schmachtenberg

⑯ *Hauptstraße* → *Marktplatz* passieren → *Obere Torstraße, Haßfurter Straße* → kurz vor Kreisverkehr rechts auf Rad

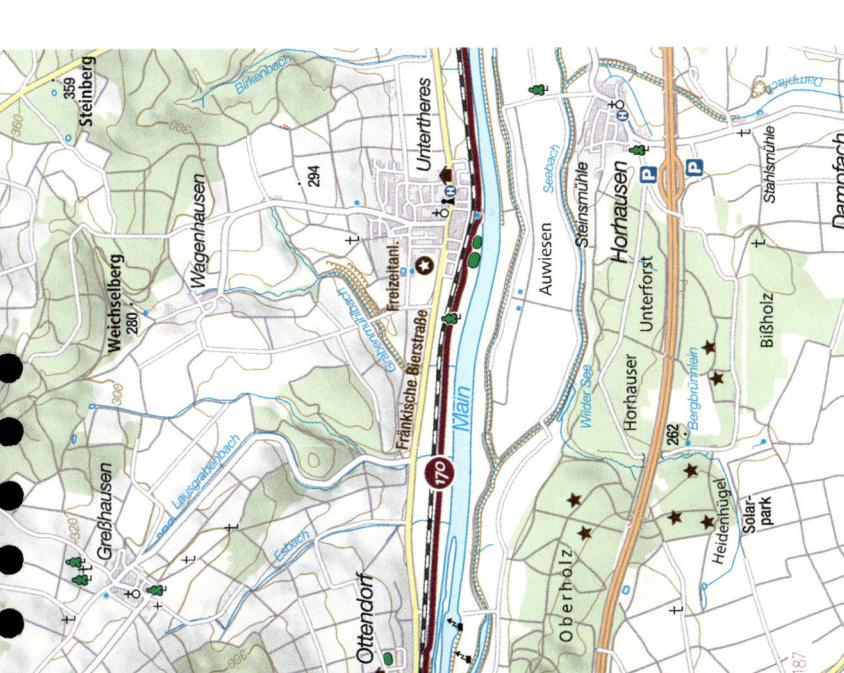

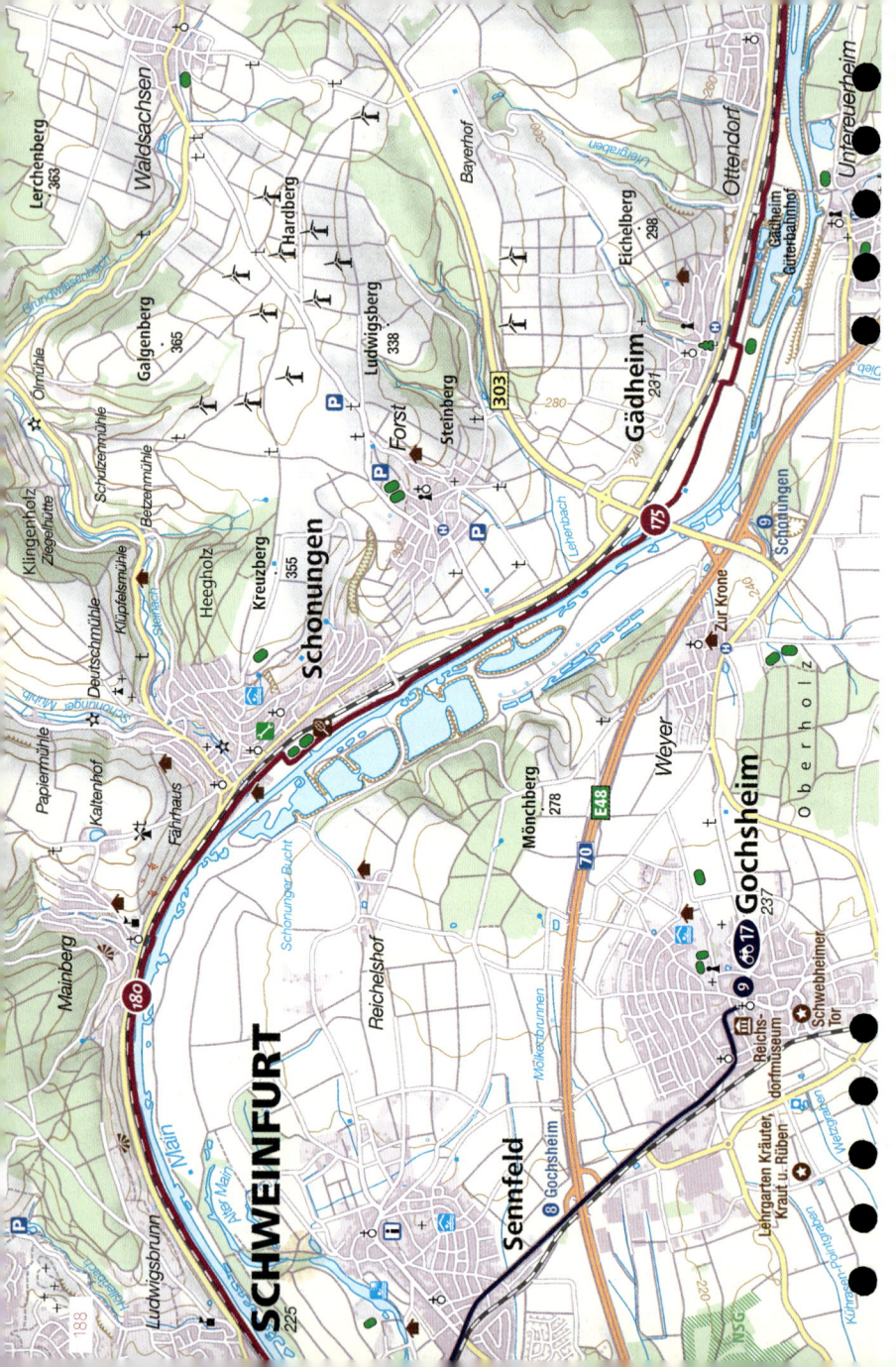

weg, geradeaus vorbei an drei Kreisverkehren bzw. Kreuzungen → im Gewerbegebiet bei *Galgenfeldsee* die Osttangente queren in

⑰ Haßfurt → parallel zu *Zeiler Straße* bis zu querender *Dieselstraße* → links *Zeiler Straße* queren und gleich rechts in *Augsfelder Straße* → Bahngleise unterqueren → *Am Ziegelbrunn* folgen → nach Evangelischer Kirche links in *Obere Vorstadt*, vorbei an *Oberer Turm* auf *Hauptstraße* → vorbei an *Unterer Turm, Untere Vorstadt* → nach Überquerung der Nassach links in *Würflinger Straße* → links zum Main → Wegverlauf folgen entlang von Main und Bundesstraße → passieren

⑱ Theres rechterhand → Überquerung St2426 → zwischen Bahn und Main vorbei an **Untertheres, Ottendorf, Gädheim, Schonungen, Mainberg** bis Naturkundliches Museum (rechts Museum Georg Schäfer) in

⑲ Schweinfurt/Ziel

⑧ rechts über *Maxbrücke*, links in *Schweinfurter Straße, Gerolzhofer Straße* bis

⑨ Gochsheim

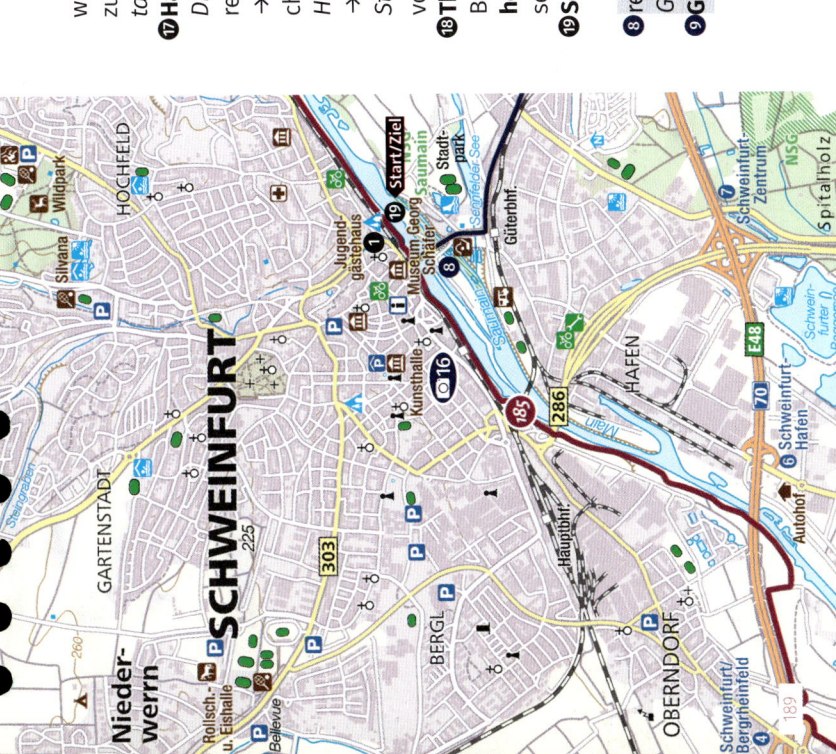

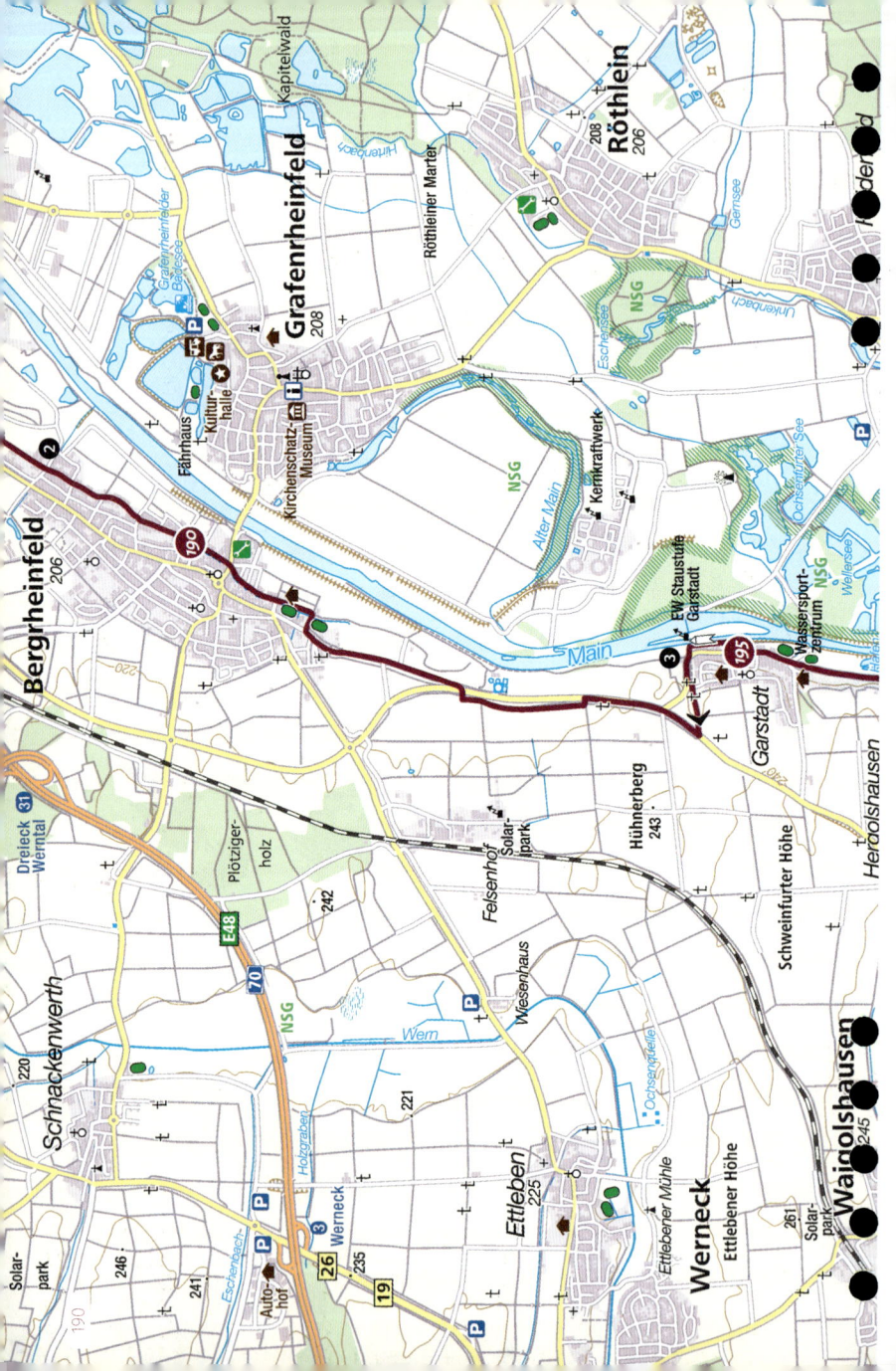

Start

1 in **Schweinfurt** weiter entlang des Mains → Unterquerung A70 → an Kreuzung vor Schrebergartensiedlung rechts, kurz vor A70 links nach

2 **Bergrheinfeld** durchqueren auf *Goethestraße*, *Am Langen Graben* → an Kreuzung mit querender *Mainstraße* geradeaus in *Im Keilgarten* → am Sportplatz rechts, gleich links entlang *Jahnstraße* → diese nach den Tennisplätzen queren und auf *Nebenstraße* weiter → Unterquerung St2270 → links entlang von Feldern → St2270 queren auf Höhe **Garstadt** → auf *Weinbergstraße* und rechts in *Dorfstraße* durch

3 **Garstadt** → stets geradeaus bis **Wipfeld** und

4 Mainfähre → auf *Lindacher Straße* bis Kreuzung → rechts straßenbegleitend vorbei an **Stammheim** → an Arivasee vor **Fahr** rechts dem Radweg folgen → links entlang See

5 **Fahr** passieren

1 bei **Fahr** den Main mit der Fähre queren → dem Straßenverlauf folgen bis Abzweigung links in *Volkacher Straße* St226 bis

2 **Vogelsburg**

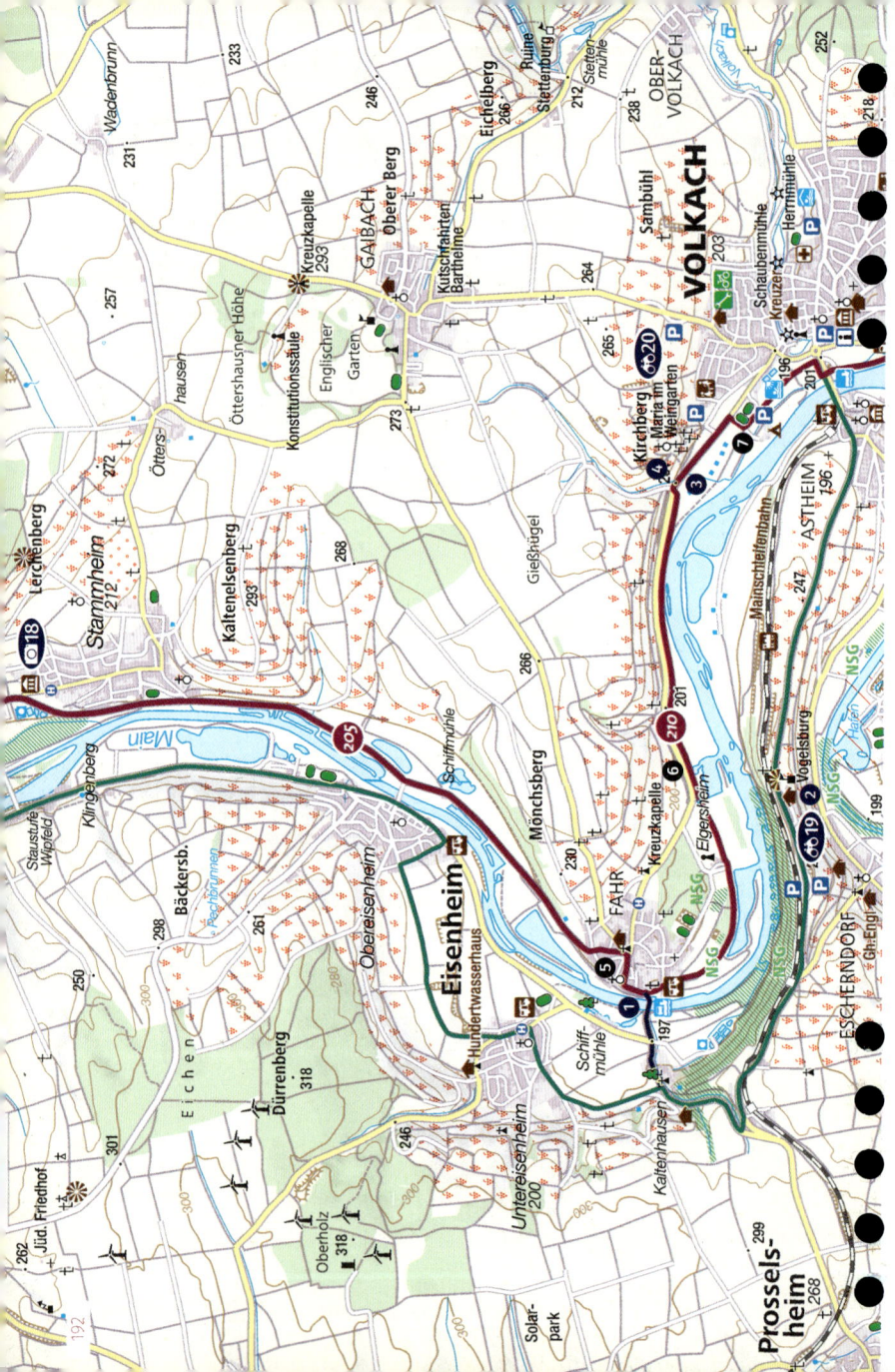

⑥ Baggerseen nach **Fahr** passieren

③ kurz vor Ortsbeginn von **Volkach** Querung *Fahrer Straße* →

④ Wallfahrtskirche Maria am Weingarten

③ zurück auf Route kurz vor **Volkach** → rechts vor Sportplatz am Ortsbeginn von

⑦ Volkach → links an Sportstätten vorbei → 2. Kreuzung rechts, links St2260 queren → rechts entlang Mainkanal bis Brücke auf Maininsel → an Gabelung gleich rechts entlang des Mains bis

⑧ Nordheim am Main → Ort durchqueren auf *Volkacher Straße, Langgasse → Straßenverlauf folgen bis Kreuzung mit Landesstraße → rechts bis Kreuzung vor

⑨ Sommerach → links, an T-Kreuzung rechts in *Zum Katzenkopf, Nordheimer Straße, vorbei an Kirchplatz, Hauptstraße, Schwarzacher Straße → nach Allee links in Frankenstraße, gleich rechts in Am Leitersberg →

⑩ Mainkanal queren → bis **Schwarzach am Main** → an T-Kreuzung rechts in *Dimbacher Straße, gleich links in Abt-Plazidus-Straße, Gartenstraße → an T-Kreuzung rechts in Sonnenstraße, links in Schweinfurter Straße → am Marktplatz rechts in Hörblacher Straße → am Kreis

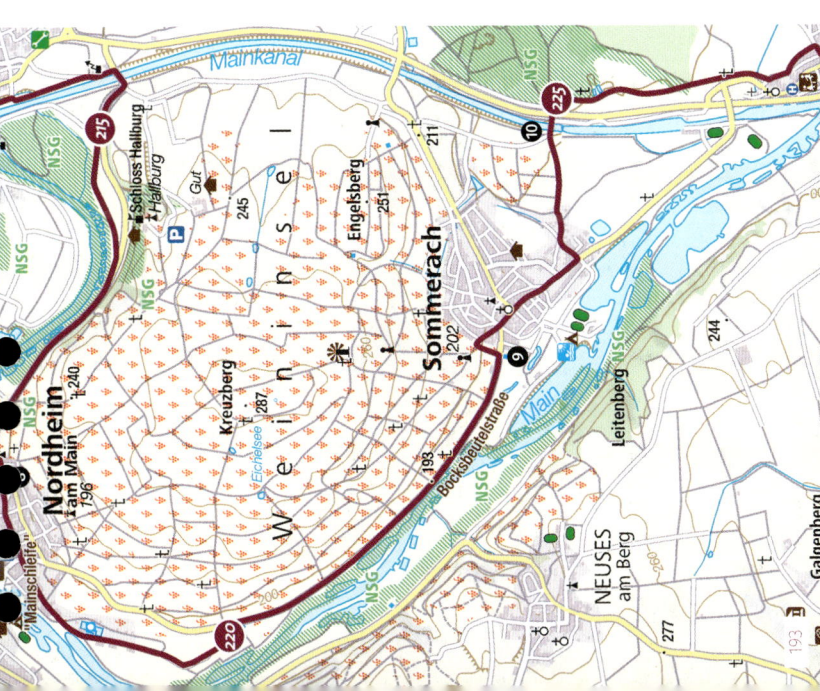

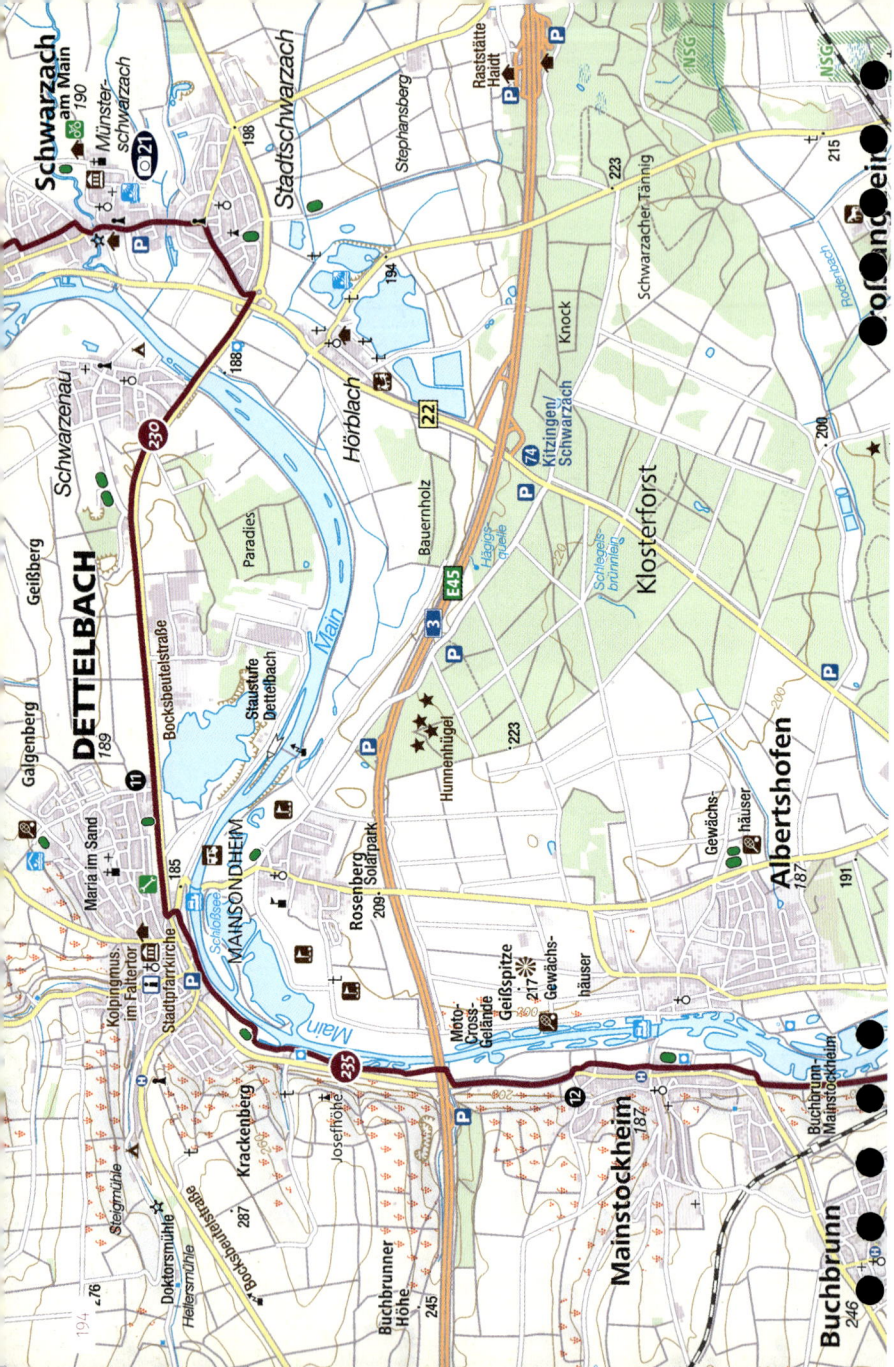

verkehr Unterquerung St2271 → Mainüberquerung → Mainüberquerung → Straßenverlauf folgen bis

⑪**Dettelbach** → an Edeka-Parkplatz St2270 überqueren in *An der Mainlände* → nach Fußballplatz rechts in *Uferstraße* → mainbegleitend vorbei an Skulpturenpark Dettelbach, Kläranlage → Unterquerung A3 → rechts und gleich links entlang St2270 bis

⑫**Mainstockheim** → Ort auf *Grabendamm* passieren, vorbei an Sportanlage → am Ortsende rechts bis zur *Hauptstraße* → dieser entlang bis Unterquerung *Nordtangente* in

⑬**Kitzingen/Ziel**

⑤ am ersten Kreisverkehr geradeaus direkt neben Main auf *Oberer Mainkai* → zweiter Abzweig rechts, über Kreisverkehr in *Kaiserstraße* → an *Königsplatz* links bis rechterhand

⑥**Deutsches Fastnachtmuseum**

Start

① in **Kitzingen** mainbegleitend bis *Alte Mainbrücke* → diese queren → links in *Bleichwasen*, links zum Main, links mainbegleitend bis Querung Bahngleise und *Südtangente* kurz vor

②**Hohenfeld**

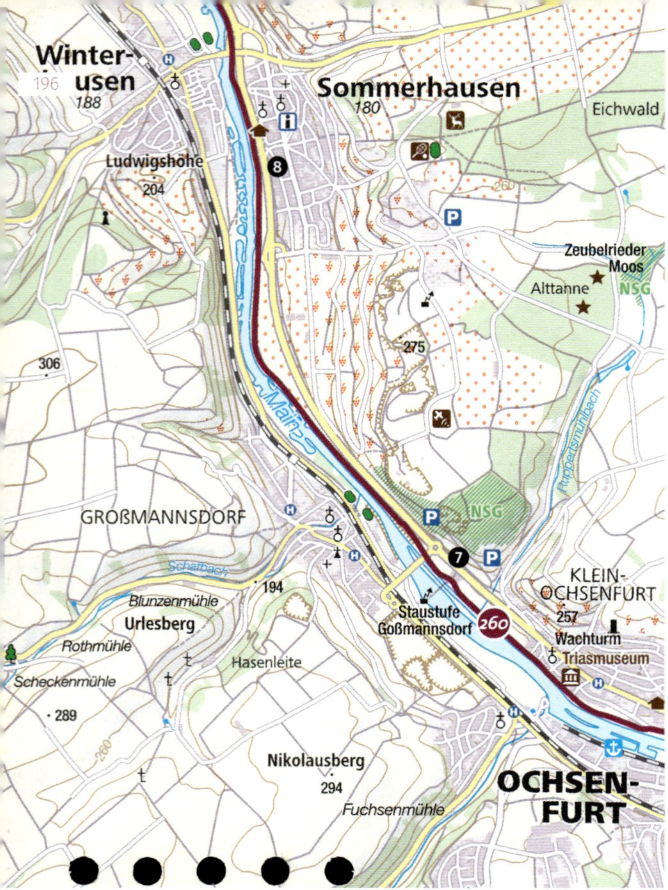

3 von **Hohenfeld** mainbegleitend bis

4 **Marktsteft** → auf *Untere Maingasse* bis T-Kreuzung mit *Güntherstraße* → links, *Hauptstraße* überqueren in *Neubaustraße* → sofort rechts in *Tiefenstockheimer Weg* → 3. Abzweig links und rechts auf Radweg straßenbegleitend zu St2271 → St2271 bei erster Möglichkeit unterqueren, rechts in *Am Traugraben* → 3. Möglichkeit links und Siedlungsgebiet **Marktsteft** verlassen → durch Felder bis Straßenquerung → geradeaus in *Michelfelder Straße*, später *Mainstraße* straßenbegleitend zu *Marktstefter Straße* bis

5 **Marktbreit** mit Gasthof zum Goldenen Schiff

1 am Gasthof zum Goldenen Schiff in **Marktbreit** links, gleich wieder links in *Bachgasse* bis

2 **Museum Malerwinkelhaus** linkerhand

5 am Gasthof zum Goldenen Schiff in **Marktbreit** rechts Querung der *Adam-Fuchs-Straße* → links-rechts-links vorbei am Parkplatz und entlang des Mains in *Hafenstraße* → Unterquerung A7 → Straßenverlauf folgen bis kurz vor

6 **Ochsenfurt** → kurz vor Siedlungsbeginn rechts und gleich links mainbegleitend vorbei an Siloanlagen →

MARKTSTEFT
191

MARKTBREIT

Obernbreit

Gertholz

Hegholz

241

MICHELFELD

220

259

273

Trubbach

231

350

Malerwinkelhaus 85

2

23

3

P

P

P

4

Altester Hafen Bayerns

Gräberfeldmus. Alte Schule

Segnitz
183

5

1

188

Bocksbeutelstraße

263

Galgenberg

Sulzfeld
am Main
202

Aussichtspunkt Weinhalla

Segnitzer Spitze
270

Markgrafenhöfe

Staustufe Marktbreit

Renntal

P

Hegholz

Mönchshof

Kaufholz

255

P

Erlacher Berg
291

Spitalberg
305

300

Frickenhausen
am Main
180

Bürgerholz

ZEUBELRIED

Steinbachsgraben

P

6

P

Spielberg

390

271

Ochsenfurter
Forst

OCHSENFURT
186

250

Wasserschloß
ERLACH

Zeubelrieder
Moos

NSG

Eichwald

Wachturm

Trachtenmus.
Öchsle Vinothek
Bären

Fähre „Nixe"

197

Querung *Jahnstraße* an *Neuer Mainbrücke* in *Mainufer-straße* → Überquerung Main an *Alter Mainbrücke* nach **Kleinochsenfurt** → links, stets mainbegleitend vorbei an Staustufe Goßmannsdorf → entlang von Weinbergen → passieren von

⑧ **Sommerhausen** → passieren von

⑨ **Eibelstadt** stets in Mainnähe → passieren von

⑩ **Randersacker** → passieren von **Würzburg** → an Kreuzung *Oberer Mainkai* rechts in *Wirsbergstraße*, gleich links in *Büttnerstraße*, *Glockengasse* → bis

⑪ *Vierröhrenbrunnen*

am *Vierröhrenbrunnen* rechts in *Domstraße* bis

③ **Würzburger Dom St. Kilian** → Dom rechts umrunden auf *Plattnerstraße* → rechts in *Ebracher Gasse*, links in *Bibracher Straße*, rechts in *Hofstraße* bis

④ **Residenz Würzburg**

⑪ *Vierröhrenbrunnen* links über

⑫ *Alte Mainbrücke* →

nach ⑫ *Alte Mainbrücke* links in *Saalgasse* → hinter Kirche *St. Burkard* nach

⑤ **Festung Marienberg**

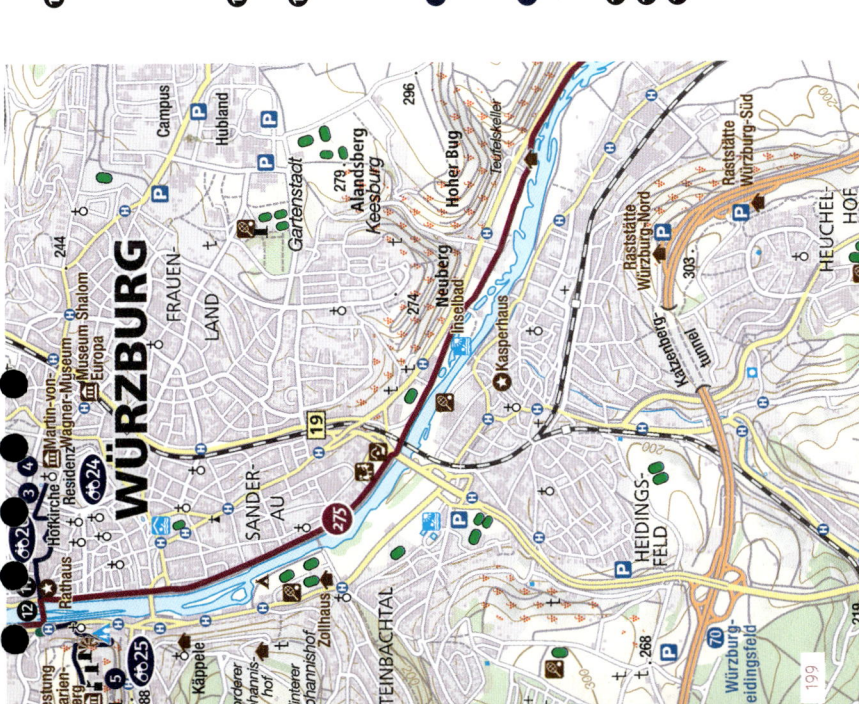

⑫ nach *Alte Mainbrücke* in Linksschleife über *Zeller Stra-*
ße, Burkarderstraße zuvor passierte Brücke unterqueren,
linksseitig des Mains weiter bis Wohnmobilstellplatz →
diesen links passieren → *Friedensbrücke* unterqueren →
Brücke der Deutschen Einheit queren → an Sportplatz
rechts, gleich links →

⑬ Karmelitinnenkloster Himmelspforten linkerhand passieren → Entwässerungsbetrieb passieren, vorbei an

⑭ **Oberzell** → Mainbrücke unterqueren → **Zell am Main**
passieren → mainbegleitend bis nach **Margetshöchheim**
mit dem

⑥ *Ludwig-Volk-Steg* → auf diesem dem Main queren →
gleich rechts in *Mainlände* → links bei Veitshöchheimer
Personenschifffahrt in *Obere Maingasse* bis

⑦ **Schloss Veitshöchheim** nach **Margetshöchheim** weiter
nach

⑮ **Erlabrunn** → passieren von

⑯ **Zellingen** → passieren von

⑰ **Himmelstadt** → bei **Mühlbach** Querung des Mains nach

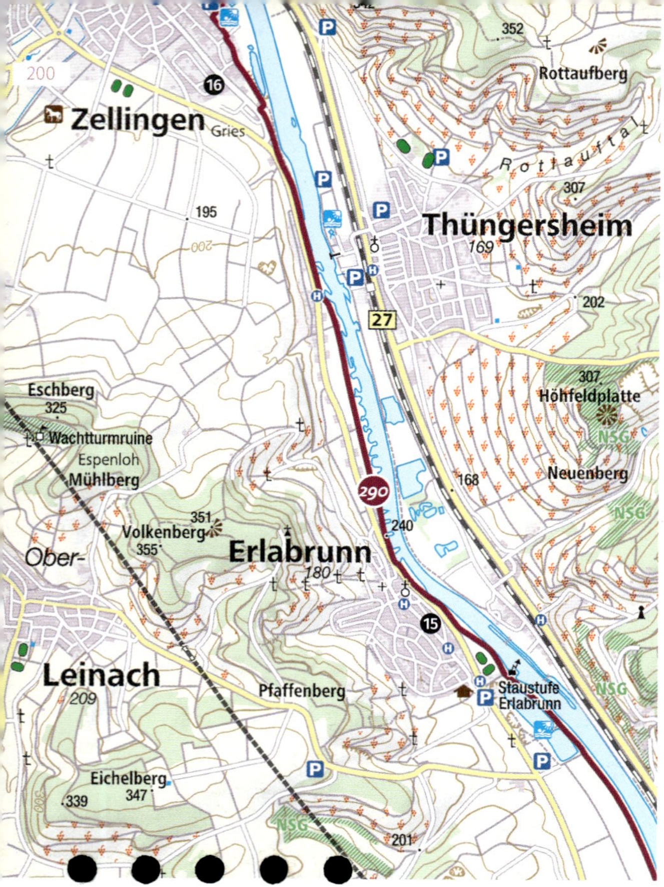
200
Zellingen
Gries
Thüngersheim
169
Rottaufberg
Rottauftal
352
307
195
202
27
Eschberg
325
Wachtturmruine
Espenloh
Mühlberg
Höhfeldplatte
307
NSG
Neuenberg
168
290
240
351
Volkenberg
355
Erlabrunn
180
Ober-
15
Leinach
209
Pfaffenberg
Staustufe
Erlabrunn
Eichelberg
347
339
201
16

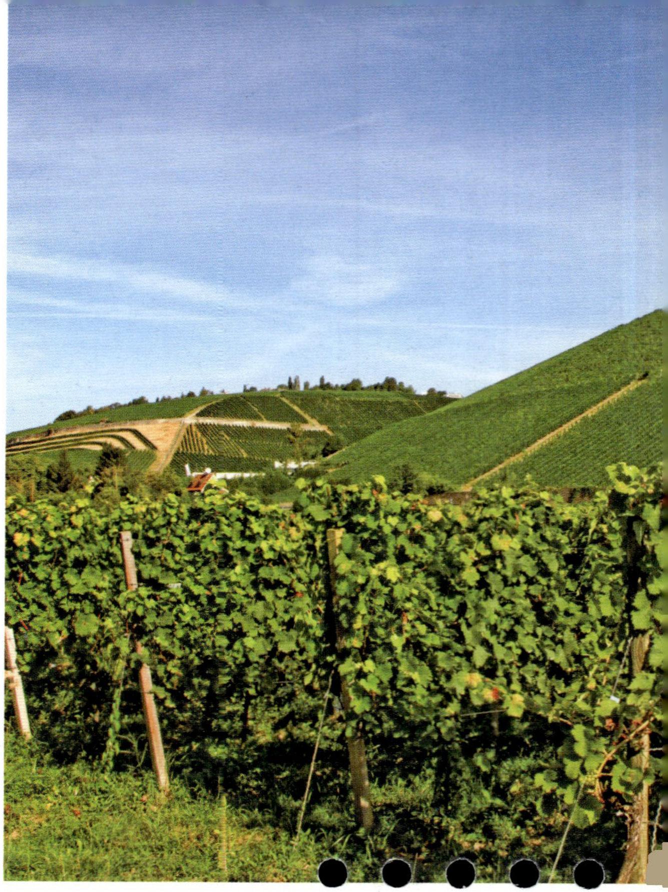

⓲ **Karlstadt** → in einer Rechtsschleife über *Brückenstraße, Baggertsweg*, Unterquerung der zuvor passierten Brücke → erste Möglichkeit rechts in *Maingasse* → am *Marktplatz* links in *Hauptstraße* → an NORMA-Filiale links in *Mainkaistraße*, gleich rechts in *Mainpromenade* → Unterquerung *Karolinger Brücke* → rechts haltend weiter entlang des Mains → passieren von

⓳ Staustufe Harrbach → passieren von

⓴ **Wernfeld** → am Parkplatz Mainufer in **Gemünden** rechts Gleise, *Bahnhofstraße* unterqueren, an T-Kreuzung links in *Obertorstraße* bis *Marktplatz* in

㉑ **Gemünden/Ziel**

Map labels

GEMÜNDEN
am Main

Start/Ziel

Naturpark
Spessart
Infozentrum

29
30
21
320
325
326

Main

Sinn

SCHAIPPACH
265

LANGEN-
PROZELTEN

HOFSTETTEN

Neuendorf
175
205

Helmersgrube

Ehrenfriedhof

Einmalberg
341

Zollberg

Hotel Imhof "Zum
letzten Hieb"

284

260

Erlach

Breite Stücke

Klostermühle

Rebigsgrund

Weiße
Mühle

R.
Scherenburg

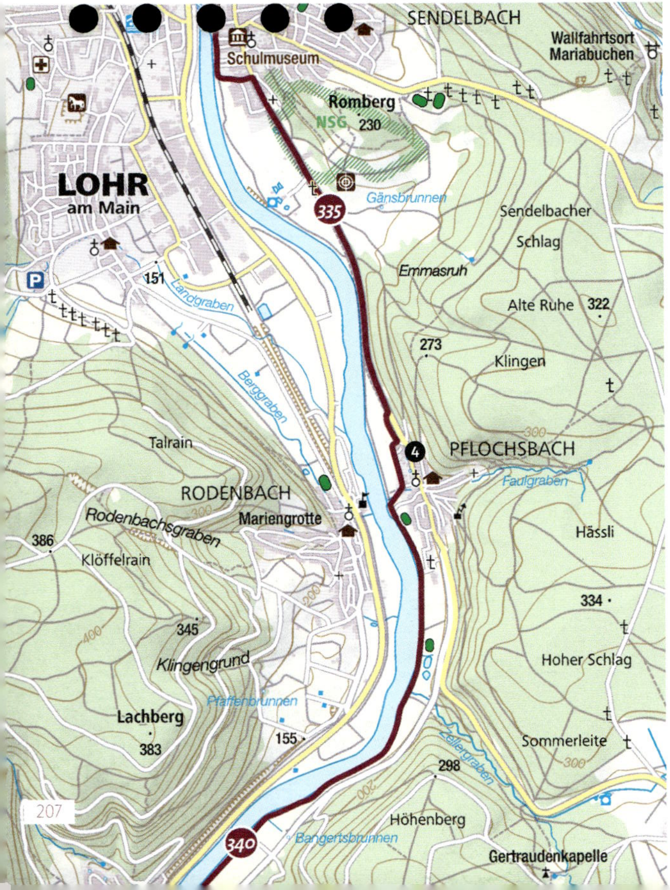

Start

❶ bei **Gemünden** auf die andere Mainseite wechseln, weiter mainbegleitend vorbei an Ruine Schönrain, unterhalb Ruine Schönrain durch Graureiherkolonie am Salzberg → passieren von

❷ **Steinbach** → passieren von

❸ **Sendelbach** →

Variante:

🟢 über die neue Mainbrücke bei **Sendelbach** nach **Lohr am Main**

❸ **Sendelbach** → passieren von

❹ **Pflochsbach→** passieren von

❺ **Erlach** → passieren von

❻ **Zimmern** → passieren von

❼ **Marktheidenfeld** stets geradeaus entlang des Mains → passieren von

❽ **Triefenstein** → am Ende des geraden Radwegs St2299 queren in

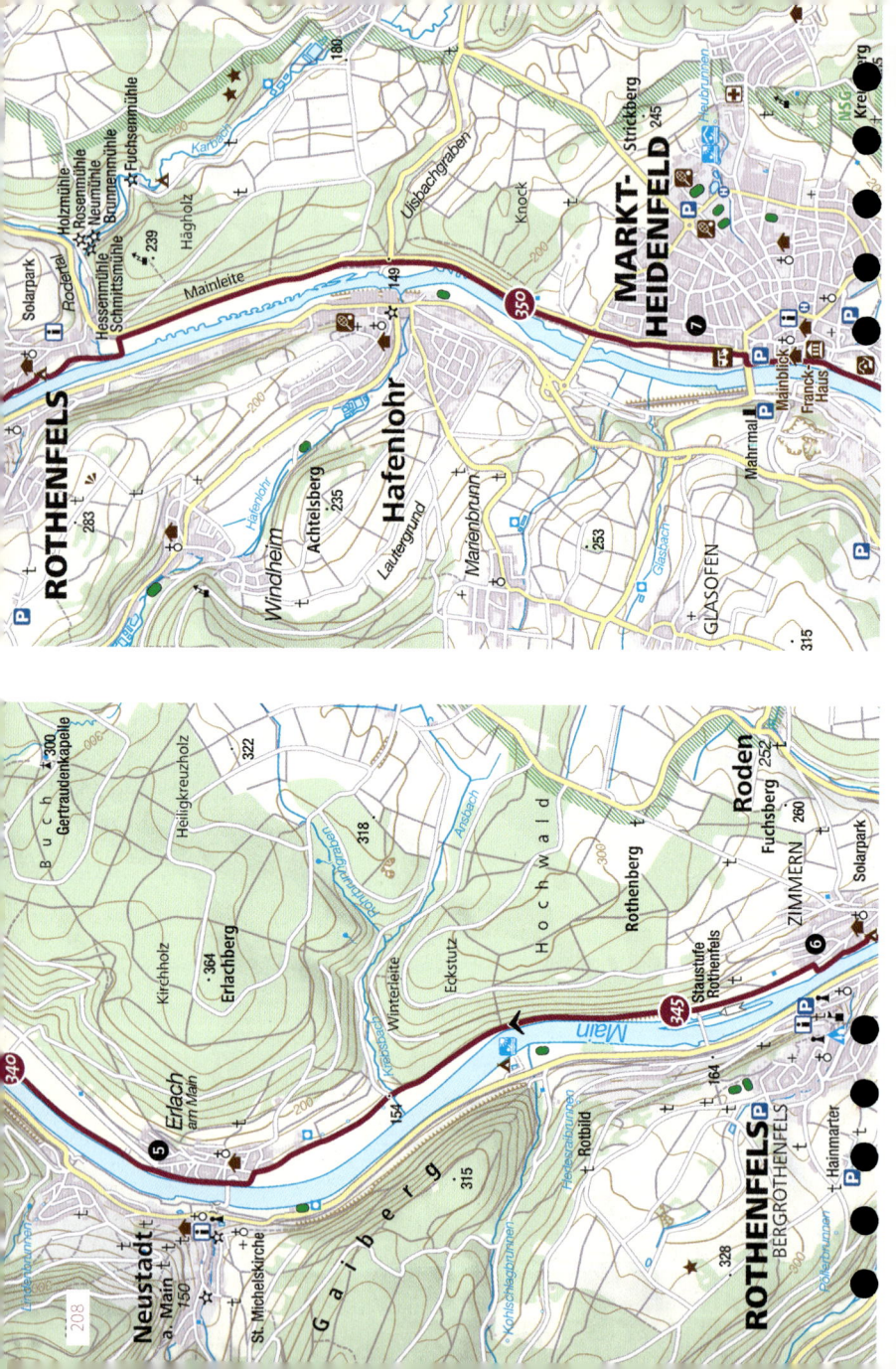

9 Homburg → St2299 queren →

2 → über *Fahrgasse*, links in *Maintalstraße*, gleich rechts in *Burgweg*, links auf *Stiege* zu **Schloss Homburg**

9 → St2299 kurz rechts folgen, links durch Häuser auf *Maintalstraße* → erneut St2299 queren und weiter auf *Maintalstraße* → erneut St2299 queren und weiter auf Radweg → Unterquerung A3 → passieren von

10 Bettingen → passieren von

11 Urphar → links halten vor Staustufe Eichel → durch

12 Eichel entlang *Würzburger Straße* → rechts nach **Schlösschen im Hofgarten** → links auf Radweg → in Linksschleife über *Mainbrücke Wertheim* nach

13 Kreuzwertheim → *Brückenstraße*, *Hauptstraße* durch Ort folgen bis *Fahrgasse* links → rechts, mainbegleitend Ort passieren → St508 unterqueren auf *Im Furt* → passieren von

14 Hasloch → zwischen Bahngleisen und Main passieren von

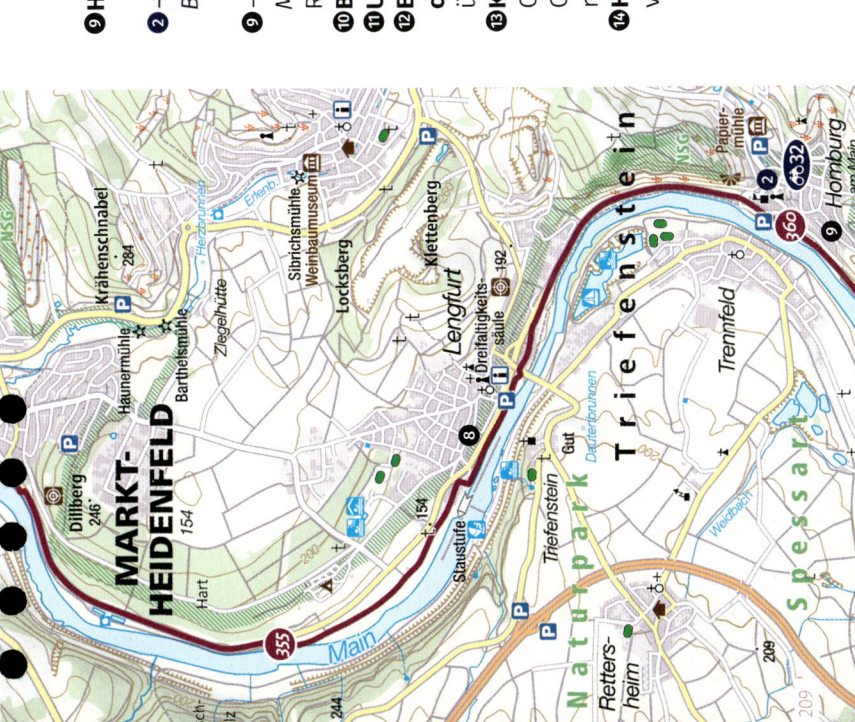

Röttbach

Wiebelbach

.209

Kreuz-
wertheim
144

Löwenbiergarten

.328
Deutsche Röttberg
Fachwerkstr.

375

13

Gratschafts-
museum

Glas-
museum

26

Hasloch
144

Glashütte

380

Nibelungenstraße

.149

BESTENHEID
Tannenberg

.362

14

GRÜNENWÖRT

WERTHEIM
145

Gereut

.342

WARTBERG

⑮ Faulbach → passieren von
⑯ Stadtprozelten

③ bei Parkplatz Mainfähre Stadtprozelten rechts Bahngleise queren, links in *Hauptstraße*, rechts in *Große Steig, Neuer Weg* bis **Henneburg**

⑰ Dorfprozelten → passieren von
⑱ Collenberg → Mainquerung bei **Kirschfurt** nach
⑲ Freudenberg → rechts in *Hauptstraße*, 3. Möglichkeit rechts in *Pfarrgasse*, links in *Mainstraße* → rechts auf Radweg mainbegleitend → Bürgstädter See passieren, Abbaugebiet passieren → nach Industriegebiet und Sportplatz St2310 queren in
⑳ Bürgstadt → *Josef-Ullrich-Straße* folgen →

④ → links in *Große Maingasse, Hauptstraße* → an Bäckerei linkerhand links in *Martinsgasse* bis rechterhand **Martinskapelle**

→ *Josef-Ullrich-Straße* folgen bis Wegquerung → links-rechts Fluss Erf queren → rechts, Unterquerung St2310 → links, auf Radweg mainbegleitend passieren von

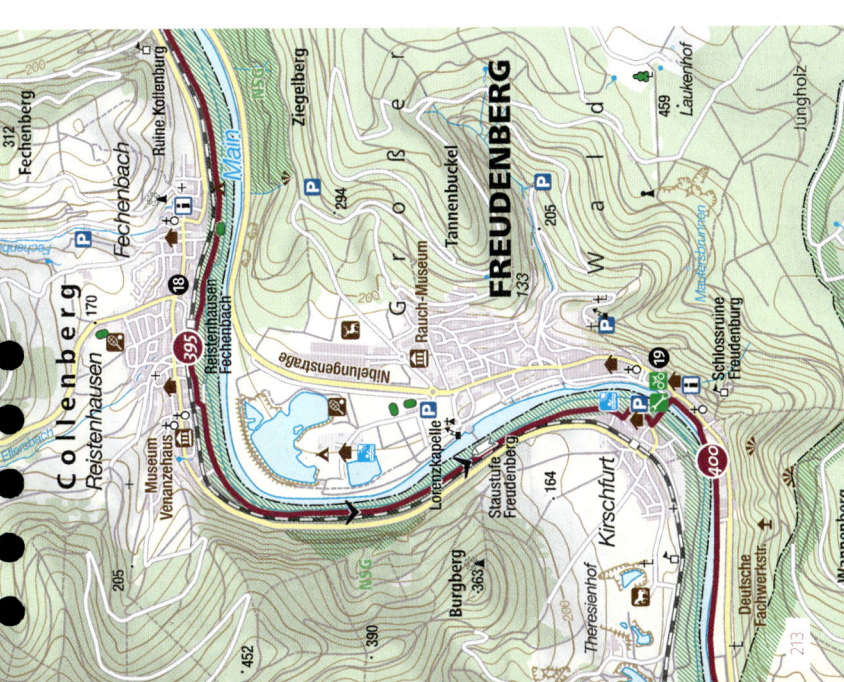

21 Miltenberg →

5 → an Busparkplatz links und rechts in *Mainstraße* → linkerhand St. Jakobus passieren, geradeaus in Haupt-straße zur **Burg Miltenberg**

→ bei Jagdhotel Rose links halten in *Mainzer Straße* → nach Mainzer Tor links-rechts in *Laurentiusstraße* → rechts auf Nebenstraße entlang *Kleinheubacher Straße* → rechts vor Bahngleisen → links Bahngleise queren → links in Altstadtweg, links entlang Bahngleise, *Im Steiner* → Unterquerung *Heubachbrücke* → in Linksschleife über *Heubachbrücke, Neue Mainbrücke* nach

22 Großheubach → links halten *In den Seegärten*, vor *Hauptstraße* links in *Hofwiese* → an T-Kreuzung links in *Mainstraße* → recht, mainbegleitend passieren von **Großheubach** → passieren von

23 Röllfeld → mainbegleitend vorbei an Kraftwerk Klingenberg bis Mainbrücke in

24 Klingenberg/Ziel

6 an Mainbrücke rechts in *Rathausstraße* bis Schlucht rechterhand und zu **Burg Clingenburg**

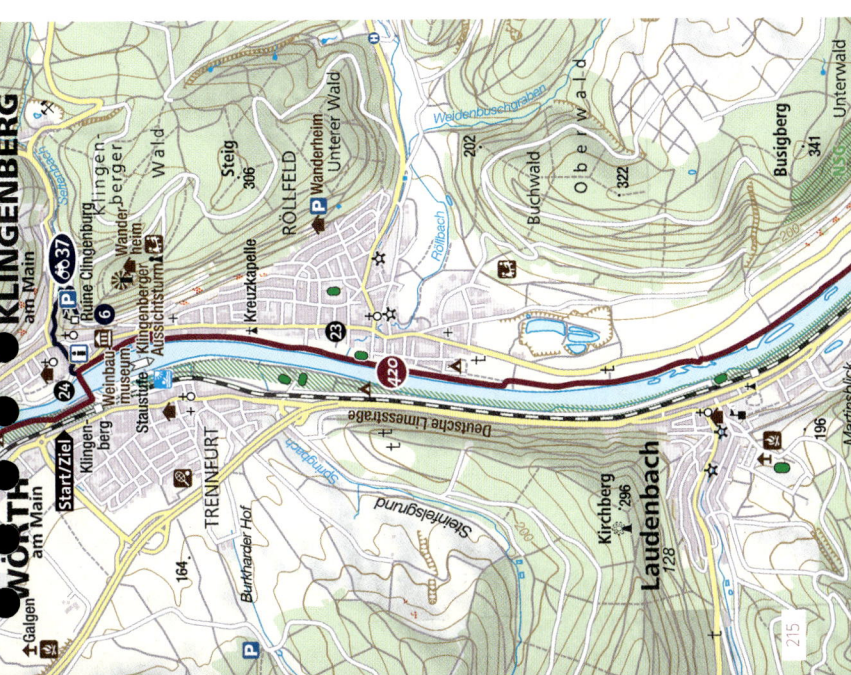

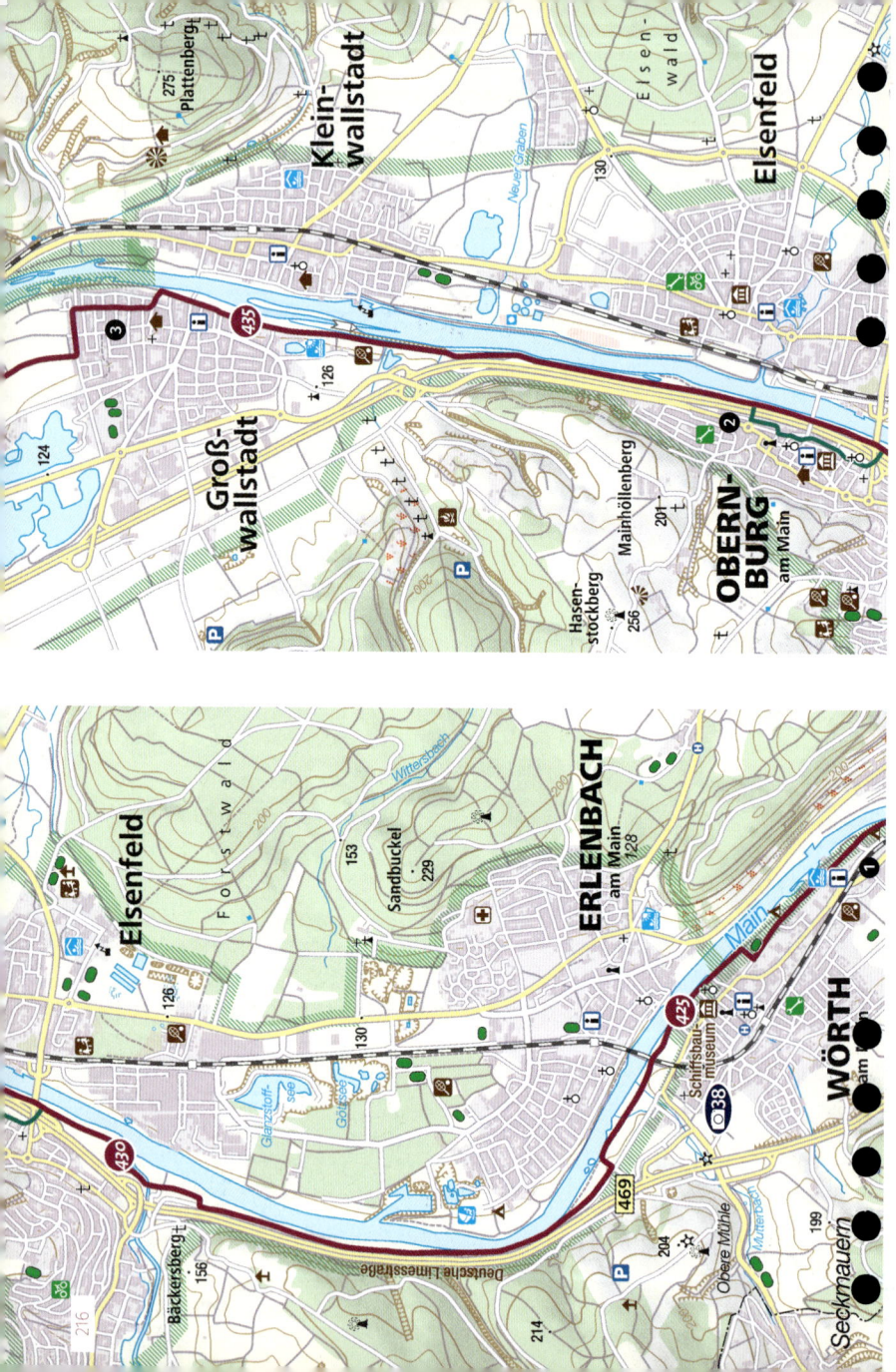

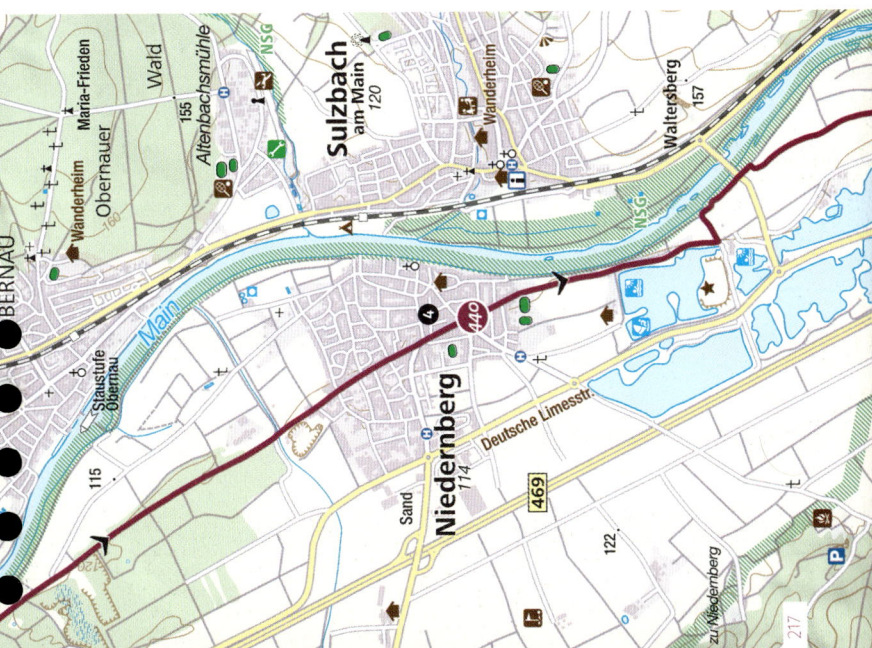

Start

1 in **Wörth** direkt am Main entlang in *Wiesenweg* → vorbei am Campingplatz und an Tennisplätzen linkerhand → rechts-links direkt am Mainufer weiter → Unterquerung der Bahngleise → links-rechts parallel zu *Landstraße* → rechts mainnah passieren von

2 Obernburg am Main → passieren von

3 Großwallstadt auf *Mainstraße* → links in *Wallstraße*, 3. Möglichkeit rechts in *Siegfriedstraße* → kurz vor Siedlungsende links in *Quellenstraße* → 2. Möglichkeit rechts, durch Felder zum Main → Unterquerung Mainbrücke → links-rechts entlang Badesee in *Großwallstädter Straße* nach

4 Niedernberg → an T-Kreuzung rechts in *Waldweg*, gleich links in *Römerstraße* → nach Siedlungsgebiet durch Felder, vorbei an Spielplatz linkerhand, durch Wald → rechts mainnah passieren von

5 Nilkheim → auf *Großostheimer Straße* Unterquerung von *Westring* → Überquerung des Mains auf *Darmstädter Straße* nach

217

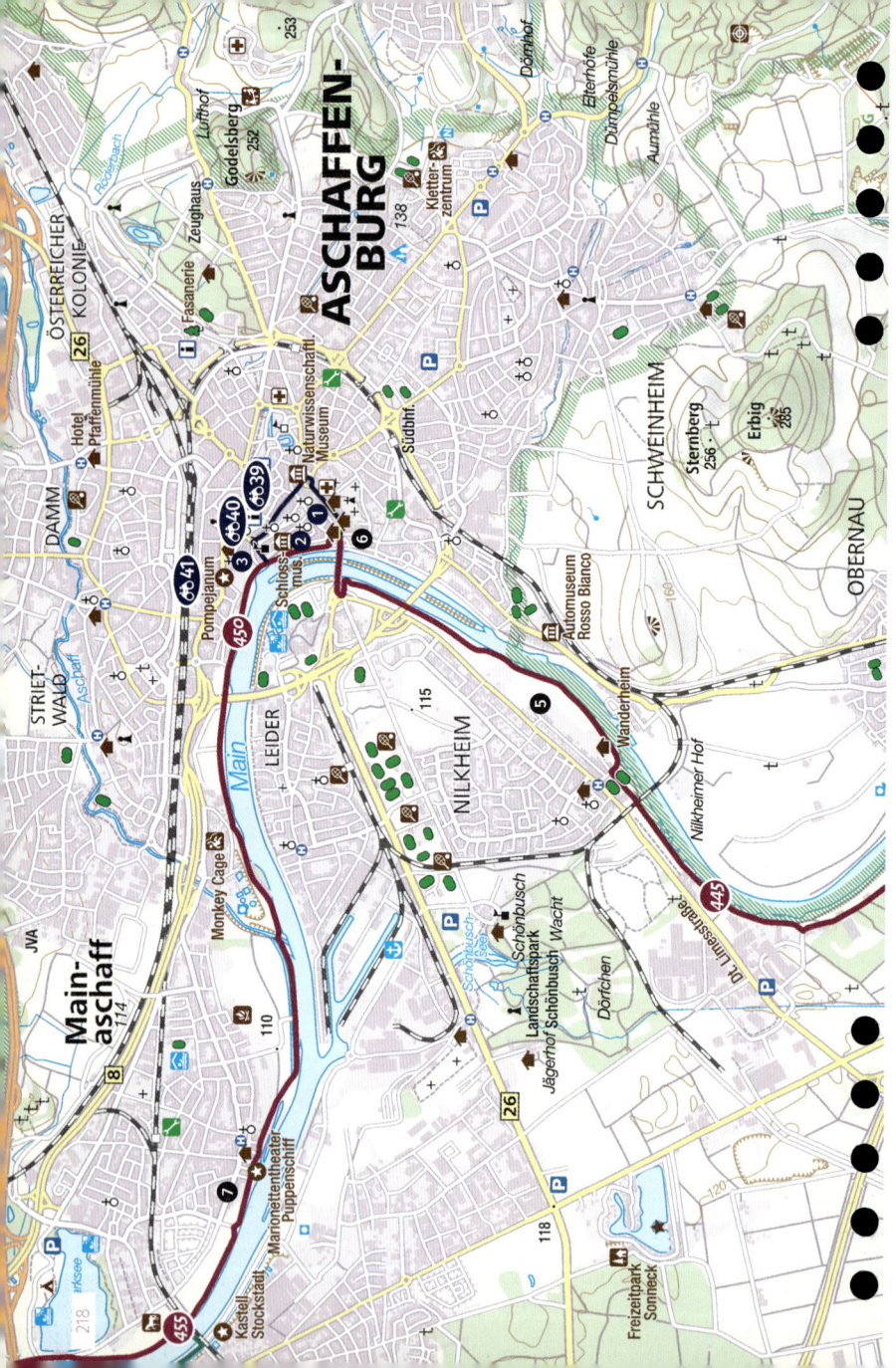

⑥ Aschaffenburg → links entlang Mainufer →

→ geradeaus in *Löherstraße* → Kreisverkehr links in *Landingstraße*, 1. Möglichkeit links zu ❶ **Stiftskirche St. Peter und Alexander** → zurück auf *Landingstraße* links bis *Landingstraße* → *Schlossplatz* und ❷ **Schloss Johannisburg** → *Schlossplatz* queren in *Strickergasse* links, *Karlstraße* → vor Areal Kapuzinerkirche links, vorbei an Spielplatz bis ❸ **Pompejanum**

→ Unterquerung Ebertbrücke → mainnah passieren von

⑦ Mainaschaff → mainnah passieren von

⑧ Kleinostheim → nach Friedhof rechts, links in *Lachweg* → Unterquerung E41 → durch Felder, vorbei an Abwasserverband Untermain → vor **Dettingen** links über *Kilianusbrücke* → rechts entlang des Mains, passieren von

⑨ Kleinwelzheim → passieren von

⑩ Seligenstadt → passieren von

⑪ Hainstadt → passieren von

⑫ Klein-Auheim → passieren von

⑬ Steinheim am Main → passieren von

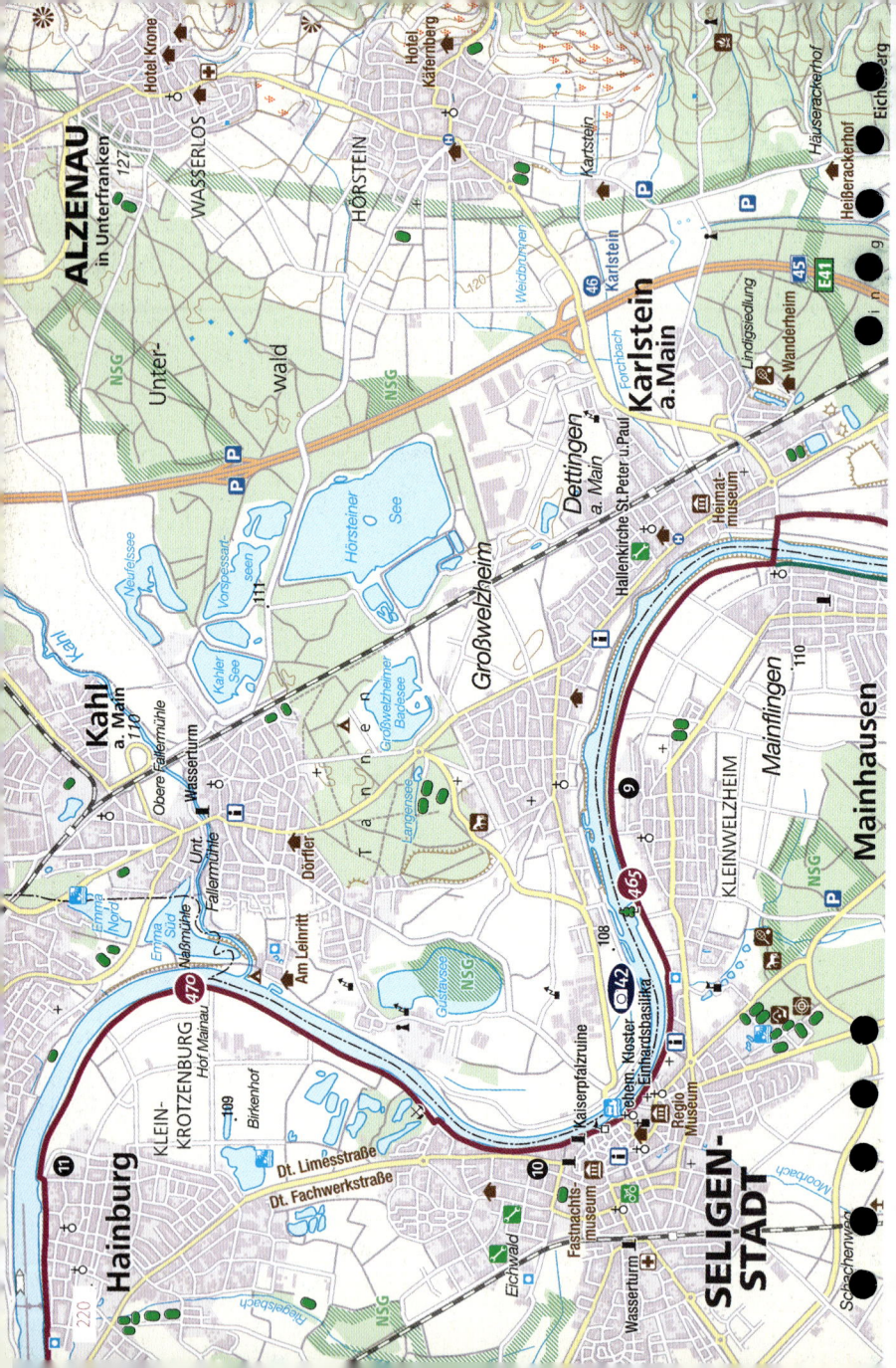

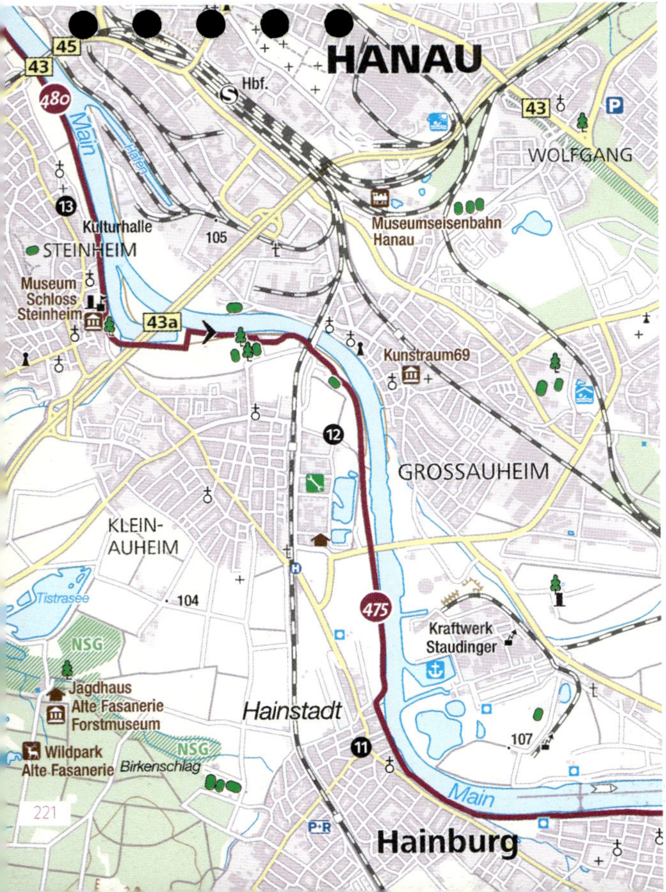

WOLFGANG

HANAU

Hbf.

Museumseisenbahn Hanau

Kunstraum69

GROSSAUHEIM

Kraftwerk Staudinger

107

Main

Hainburg

475

Hainstadt

105

Kulturhalle

43a

STEINHEIM

Museum Schloss Steinheim

KLEIN-AUHEIM

.104

480

Main

45

43

13

Jagdhaus Alte Fasanerie Forstmuseum

Wildpark Alte Fasanerie

NSG

NSG

Birkenschlag

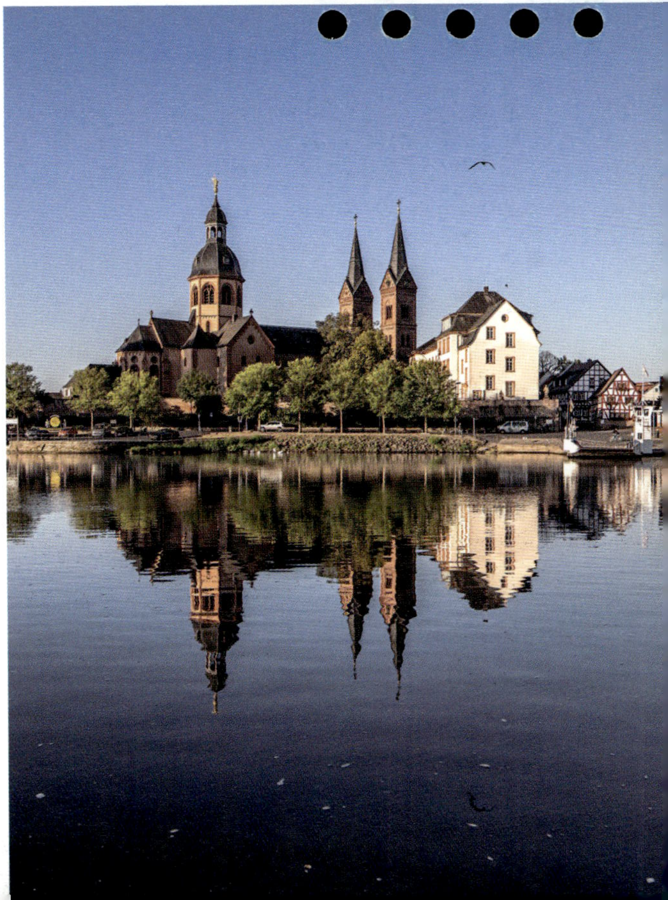

⑭ **Dietesheim** → Erreichen von

⑮ **Mühlheim am Main/Ziel**

Start

❶ **Rumpenheim** mainnah passieren → passieren von

❷ **Bürgel** → am Ortsende von Bürgel

❶ links in *Offenbacher Straße*, gleich rechts in *Bildstock-
straße*, an T-Kreuzung rechts in *Kettelerstraße*, geradeaus
an Kreisverkehr → an Kreuzung mit *Mühlheimer Straße*
rechts → links entlang Bundesstraße 43 → an Kreuzung
mit *Buchhügelallee* links, gleich rechts in *Rheinstraße* →
links in *Am Wetterpark* → links halten zu ❷ **Besucher-
zentrum Wetterpark**

❸ geradeaus, in **Offenbach am Main** links *Mainstraße* queren nach

❸ **Schloss Isenburg** rechterhand → in *Schloßstraße* geradeaus, rechts in *Berliner Straße*, links in *Kaiserstraße*, rechts
in *Frankfurter Straße* bis linkerhand ❹ **Deutsches Ledermuseum**

❹ Unterquerung *Mainbrücke*, direkt entlang des Mains
passieren von

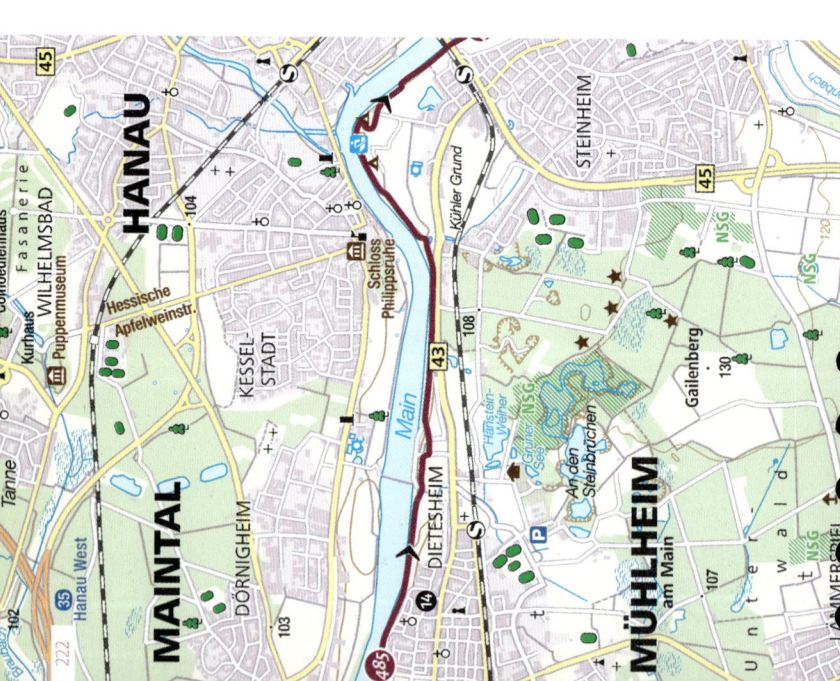

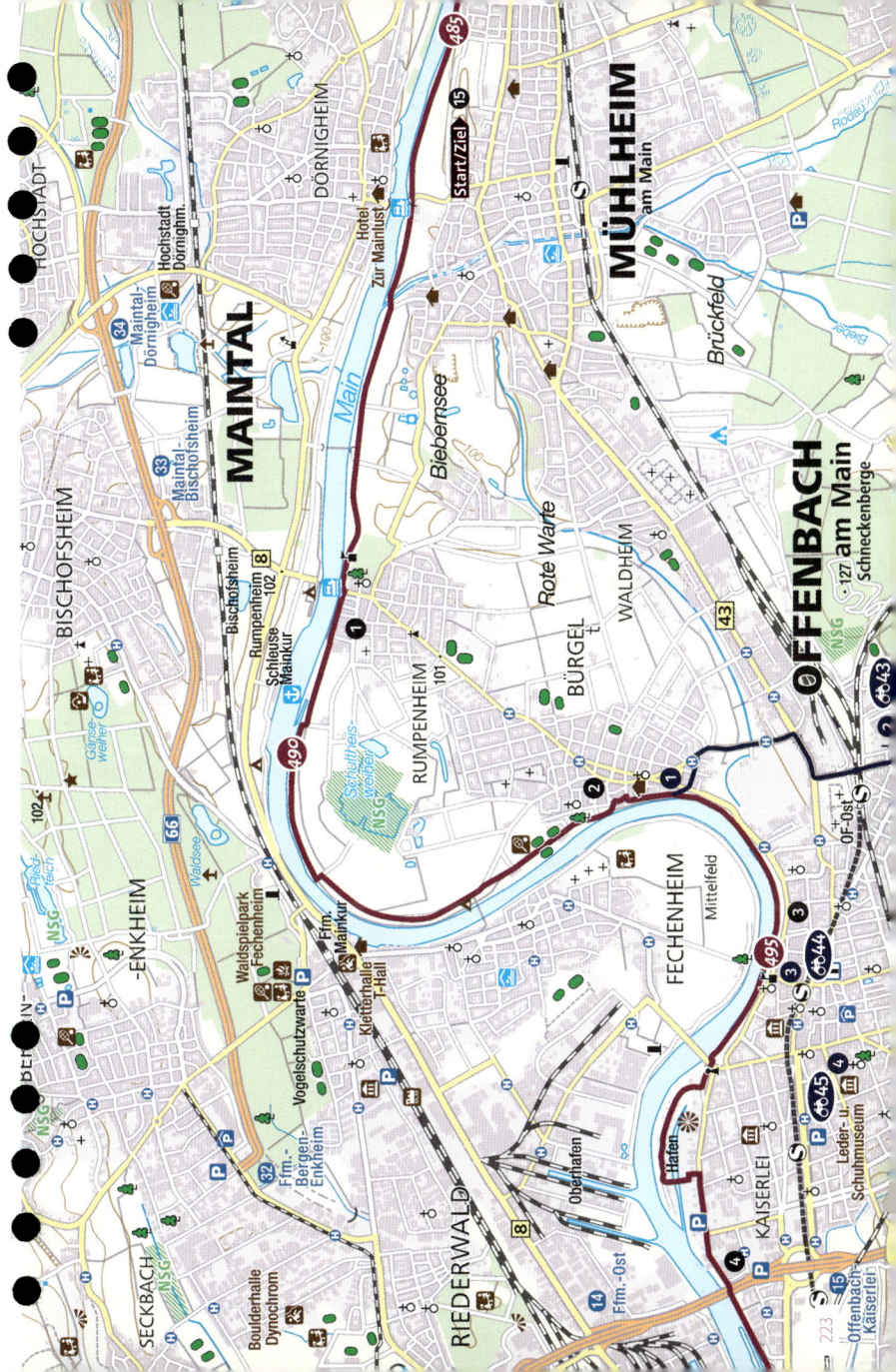

⑤ Sachsenhausen →

① → Überquerung Main auf Alter Mainbrücke, links in *Fahrgasse*, links in *Domplatz* bis **② Kaiserdom St. Bartholomäus** → *Domplatz* überqueren, rechts in *Markt*, links zu **③ Römerberg** → nördliche Seite *Römerberg* links in *Bethmannstraße*, rechts in *Kornmarkt* → Überquerung *Berliner Straße* → links in *Weißadlergasse*, links in *Großer Hirschgraben* bis **④ Goethehaus** rechterhand

⑥ passieren von **Niederrad** → passieren von

⑦ Schwanheim → vor Unterquerung Schwanheimer Brücke links halten → zwischen Gewerbehalle und Schrebergärten links → Überquerung *Schwanheimer Ufer* → auf straßenbegleitendem Radweg parallel zu Bundesstraße 43, *Kelsterbacher Weg* entlang Naturschutzgebiet Schwanheimer Düne → Querung

⑧ *Leunastraße* → gleich rechts, dann links parallel zu *Elisabeth-Kuhn-Straße* → Querung *Südallee* bei Industriegebiet Höchst in *Otto-Horn-Straße* → direkt vor Gleisende links → entlang der Gleise → Überquerung des Mains nach

9 Sindlingen → in Linksschleife Richtung Mainufer → Unterquerung Sindlinger Mainbrücke → 1. Möglichkeit links direkt zum Main → entlang von Feldern bis

10 Okriftel → nach Spielplatz und Überquerung Schwarzbach links zum Main →

5 → Überquerung Schwarzbach rechts, links in *Sindlinger Straße*, gleich rechts in *Karl-Staib-Straße*, *Beethovenstraße*, 1. Möglichkeit rechts in *Händelstraße* → rechts in *Mainstraße*, gleich linksrechts bis zu **Rosarium**

→ rechts entlang Mainufer, Sportplätze passieren → an Fähre Okriftel rechts, gleich links in *Jahnallee, Kirchgrabenstraße* → links in *Rheinstraße* → nach mehreren Supermärkten rechts in *Diedenbergener Straße*, links in *Stettiner Straße* → an Linksknick der Straße rechts in *Am See* → gleich links → an Pavillon Okriftel rechts-links → Überquerung *Klarabergstraße* in *Fasanenweg* → mainnah passieren von

11 Eddersheim → mainnah passieren von

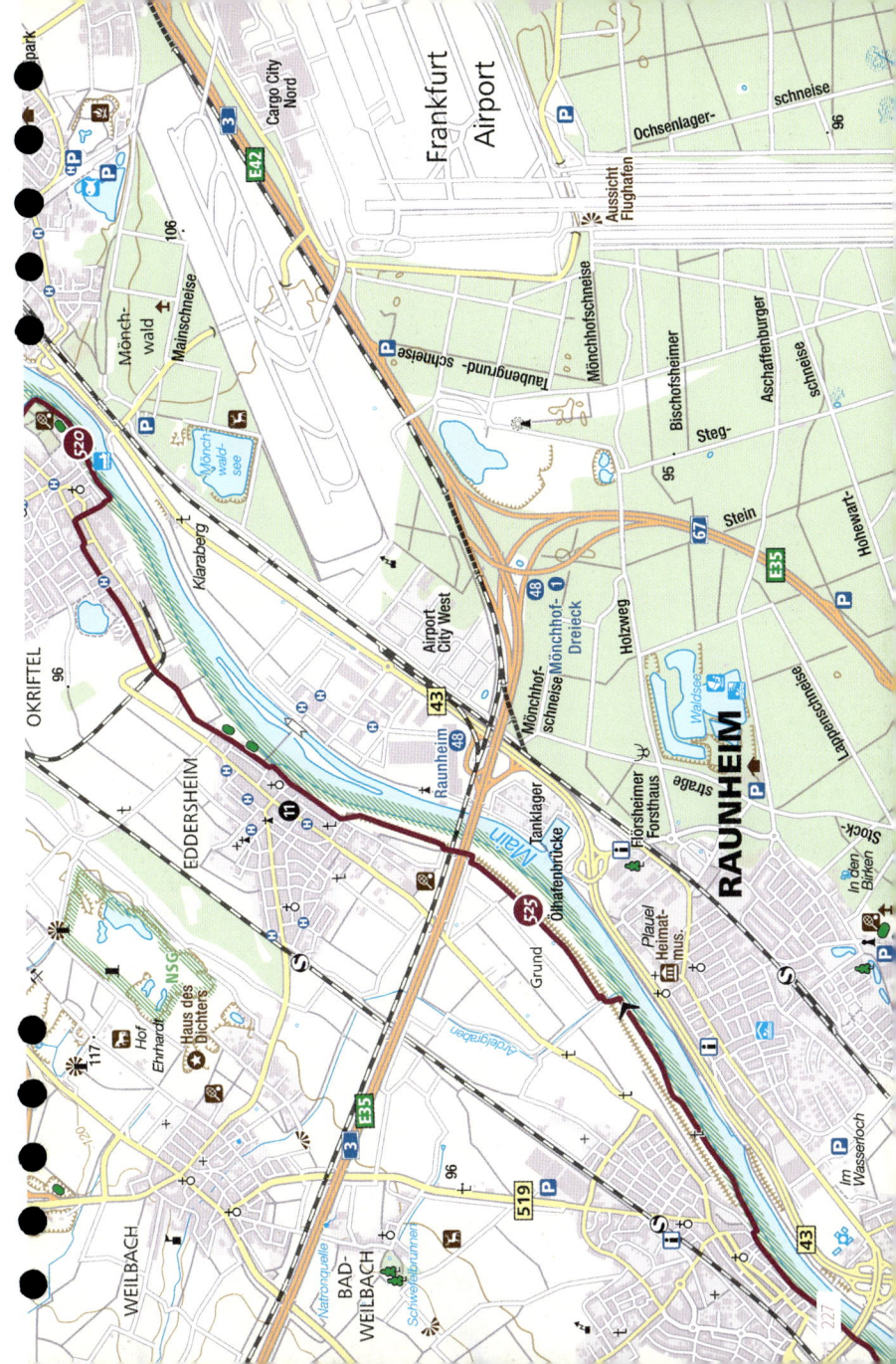

Frankfurt
Airport

Cargo City
Nord

Ochsenlager-
schneise

96

Aussicht
Flughafen

Mönchhofschneise

Bischofsheimer
schneise

Aschaffenburger
schneise

Steg-

Stein

Hohewart-

Taubengrund-schneise

Mönchhofschneise

95

Mönch-
wald

Mainschneise

106

Mönchwald-
see

E42

3

Klaraberg

Airport
City West

67

E35

Mönchhof-
schneise
Mönchhof-
Dreieck

48

1

Holzweg

Waldsee

Lappenschneise

OKRIFTEL

96

Raunheim

43

48

Flörsheimer
Forsthaus

Straße

RAUNHEIM

In den
Birken

Stock-

EDDERSHEIM

11

Main

Tanklager

Ölhafenbrücke

E25

Plauel
Heimat-
mus.

Grund

NSG

Hof
Ehrhardt

Haus des
Dichters

117

Ardelgraben

Im
Wasserloch

WEILBACH

E35

3

96

519

Natronquelle

BAD-
WEILBACH

Schwefelbrunnen

43

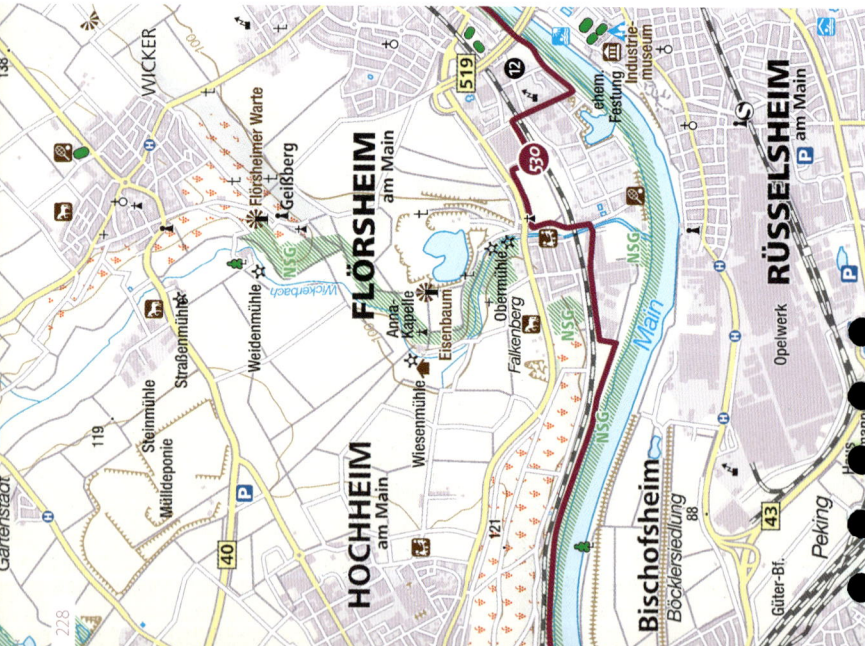

12 Flörsheim → Unterquerung Mainbrücke → rechts in *Hafenstraße* → auf Radweg Unterquerung Bahngleise → links → Straßenverlauf folgen bis T-Kreuzung → links in *Am Wickerbach* → Unterquerung Bahngleise → 1. Möglichkeit rechts in *Böttgerstraße* → Straßenverlauf folgen → mainnah bis

13 Hochheim → nach Parkplatz Mainweg links → Unterquerung A671 → Unterquerung Bahngleise → mainnah passieren von

14 Mainz-Kostheim → entlang Mainufer, Überquerung Rheinarm → links entlang Rheinufer → an Flößer-museum rechts in *Rheinufer* → Überquerung der Bahn-gleise und zum

15 Ziel

5 Überquerung Rhein auf Theodor-Heuss-Brücke

→ links in *Rheinstraße*, rechts in *Quintinstraße*, links-rechts in *Am Brand* → Überquerung *Rebstockplatz*, auf *Markt* zu **6 Mainzer Dom St. Martin** → Dom links um-runden, rechts in *Johannisstraße*, rechts *Bischofsplatz* überqueren, rechts in *Eppichmauergasse*, links in *Maria-Ward-Straße*, *Stefansberg* → links zu **7 St. Stephan**

→ rechts in *Peter-Altmeier-Allee* bis linkerhand **8**
Kurfürstliches Schloss

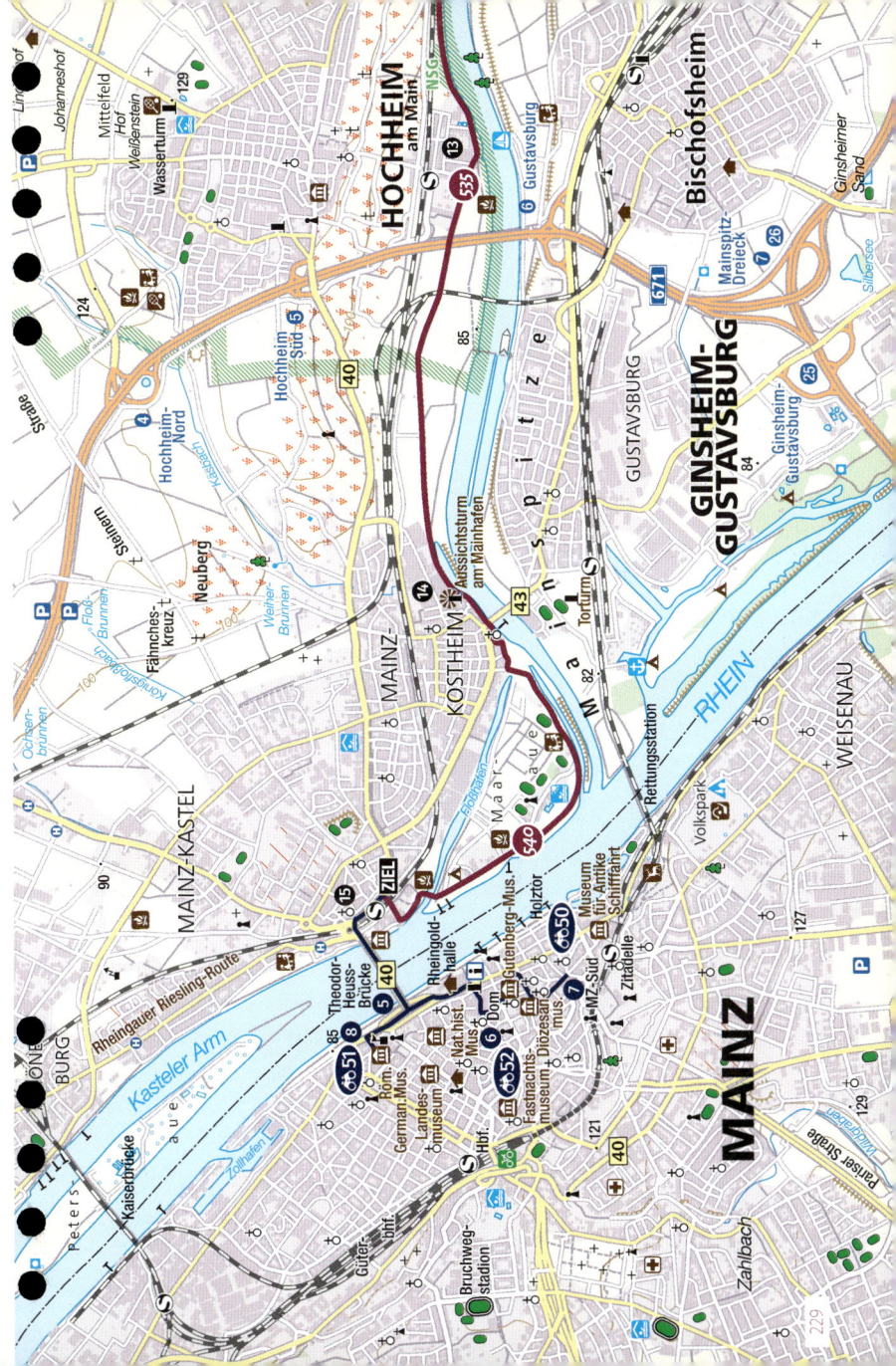

Zeit den Akku aufzuladen

Deine Radreise soll ein unvergessliches Erlebnis werden. Dazu gehört auch das aufladen der Akkus sowohl von Mensch als auch Maschine. Verlässliche und aktuelle Informationen hierzu finden sich auf den Seiten der Tourismusverbände und Tourist-Information der Orte.

ANREISE & ABREISE

Außer den beiden Quellorten sind sind alle Start- und Zielorte mit Bus und Bahn zu erreichen. Die Mitnahme von Fahrrädern in Zügen/Bussen wird allerdings sehr unterschiedlich gehandhabt und ist zeitlichen Einschränkungen unterworfen. Informiere dich sich deshalb vorab:

DB Vertrieb:
Tel. +49 (0) 1806 996633
www.db-vertrieb.com

Fahrplanauskunft Bayern
www.bayern-fahrplan.de

Rhein-Main-Verkehrsverbund (RMV)
Alte Bleiche 5
65719 Hofheim am Taunus
Tel. +49 (0)69 24248024
www.rmv.de

Main-Spessart-Express
www.bahn.de/main-spessart-express

Freizeitexpress Frankenland
www.bahn.de/regional/view/regionen/bayern/teilnetz/freizeit-express-frankenland.shtml

....

TOURENPLANUNG

Beachten bei der Tourenplanung, dass viele stadtnahe Radwege an Wochenenden und Feiertagen stark frequentiert sind. Reservieren deine geplanten Übernachtungen vorab, vor allem wenn du mit mehreren Personen oder in der Hochsaison unterwegs bist. Informationen zu Übernachtungsmöglichkeiten kannst du auf den Seiten der jeweiligen Tourismusverbände finden.

UNTERWEGS MIT KINDERN

Passe die Fahrstrecke den Bedürfnissen und Fähigkeiten der Kinder an. Durch die flache Wegführung und die vielen Einkehrmöglichkeiten direkt am Weg sind mit Ausnahme der langen Quellflusstouren (1A, 1B) alle Etappen für Kinder geeignet. Nutze die lohnenswerten Schlenker und andere interessante Ausflugsziele unterwegs (Tier- und Naturparks, Badeseen, Minigolfanlagen usw.), um die Radtour abwechslungsreich zu gestalten. Genügend zu Trinken, etwas Obst und vor allem Badesachen sollten nicht fehlen.

....

ZENTRALE INFORMATIONSSTELLEN

www.mainradweg.com
(mit einer Auflistung fahrradfreundlicher Unterkünfte, Reparaturwerkstätte, E-bike-Verleihstationen und Akku-Ladestationen)

Tourismusverband Franken e.V.
Tel. +49 (0)911 941510
www.frankentourismus.de

Tourismuszentrale Fichtelgebirge e.V.
Tel. +49 (0)9272 969030
www.tz-fichtelgebirge.de

Fränkisches Weinland Tourismus GmbH
Tel. +49 (0)931 372335
www.fraenkisches-weinland.de

Tourismuszentrale Fränkische Schweiz
Tel. +49 (0)9191 861054
www.fraenkische-schweiz.com

Frankenwald Tourismus Service Center
Tel. +49 (0) 9261 601517
www.frankenwald-tourismus.de

Tourist-Information Haßberge
Tel. +49 (0) 9523 5033710
www.hassberge-tourismus.de

Hessen Tourismus
Tel. +49 (0) 611 950178191
www.hessen-tourismus.de

Tourismusverband „Liebliches Taubertal"
Tel. +49 (0) 9341 825806
www.liebliches-taubertal.de

Tourist Information Oberes Maintal-Coburger Land
Tel. +49 (0) 9571 180
www.oberesmaintal-coburgerland.com

Tourist Information Spessart-Mainland
Tel. +49 (0) 6022 261020
www.spessart-mainland.de

Tourismusverband Steigerwald
Tel. +49 (0) 9161 92-1500
www.steigerwald-info.de

Regionalverband FrankfurtRheinMain Hessischer Untermain
Tel. +49 (0) 69 25770
www.region-frankfurt.de
Tourismusregion Obermain-Jura
Tel. +49 (0) 9571 18283
www.obermain-jura.de

....

MAINSCHIFFFAHRT

Fränkische Personenschifffahrt
97301 Kitzingen
Tel. +49 (0)9321 91810
www.mainschifffahrt.de

Neptun Personen-Schifffahrt Kitzingen-Marktbreit
Tel. +49 (0)911 6002055
www.neptun-personen-schifffahrt.de

Schiffstouristik Würzburg
97299 Zell
Tel. +49 (0)931 58573
www.schiffstouristik.de

Veitshöchheimer Personenschifffahrt
97209 Veitshöchheim
Tel. +49 (0)931 55633
www.mainschifffahrt.de

Reederei Henneberger
63897 Miltenberg am Main
Tel. +49 (0)9371 3330
www.reederei-henneberger.info

Primus-Linie
60311 Frankfurt
Tel. +49 (0)69 1338370
www.primus-linie.de

ORTE & TOURISMUS-BÜROS

Aschaffenburg
Tourist Info
Schlossplatz 2
63739 Aschaffenburg
Tel. +49 (0)6021 395800
www.info-aschaffenburg.de

Bad Berneck
Tourist-Info
Bahnhofstr. 77
95460 Bad Berneck
Tel. +49 (0)9273 574374
www.badberneck.de

Bad Staffelstein
Kur&Tourismus Service
Bahnhofstr. 1
96231 Bad Staffelstein
Tel. +49 (0)9573 33120
www.bad-staffelstein.de

Bamberg
Tourismus&Kongress Service
Geyerswörthstr. 5
96047 Bamberg
Tel. +49 (0)2976200
www.bamberg.info

Bayreuth
Marketing&Tourismus GmbH
Opernstr. 22
95444 Bayreuth
Tel. +49 (0)92188588
www.bayreuth-tourismus.de

Bischofsgrün
Kur&Tourist-Info
Jägerstr. 9 (Kurhaus)
95493 Bischofsgrün
Tel. +49 (0)9276 1292
www.bischofsgruen.de

Bürgstadt
Markt Bürgstadt
Große Maingasse 1
63927 Bürgstadt
Tel. +49 (0)9371 97380
www.buergstadt.de

Creußen
Stadt Creußen
Bahnhofstr. 11
95473 Creußen
Tel. +49 (0)9270 9890
www.stadt-creussen.de

Dettelbach
Touristinfo im KuK
Rathausplatz 6
97337 Dettelbach
Tel. +49 (0)9324 33560
www.dettelbach.de

Frankfurt
Tourismus & Congress
GmbH
Kaiserstr. 56
60329 Frankfurt am Main
Tel. +49 (0)69 21238800
www.frankfurt-tourismus.de

Gemünden
Tourist-Info
Scherenbergstr. 4
97737 Gemünden am Main
Tel. +49 (0)9351 8001-1300
www.stadt-gemuenden.de

Hanau-Steinheim
Tourist-Info Hanau
Am Markt 14-18
63450 Hanau-Steinheim
Tel. +49 (0)6181 295-739
www.hanau.de

Haßfurt
Tourist-Info
Bahnhofstr. 2
97437 Haßfurt
Tel. +49 (0)9521 95857-46
www.hassfurt.de

Kitzingen
Tourist-Info
Schrannenstr. 1
97318 Kitzingen
Tel. +49 (0)9321 208888
www.kitzingen.info

Klingenberg
Tourist-Info
Hauptstr. 26a
63911 Klingenberg a. Main
Tel. +49 (0)9372 921259
www.stadt-klingenberg.de

Kulmbach
Tourist-Info
Buchbindergasse 5
95326 Kulmbach
Tel. +49 (0)9221 95880
www.kulmbach.de

Lichtenfels
Tourist-Info
Marktplatz 10
96215 Lichtenfels
Tel. +49 (0) 9571795-101
www.lichtenfels.de

Lohr
Touristinfo
Schlossplatz 5
97816 Lohr am Main
Tel. +49 (0)9352 848465
www.lohr.de

Mainz
Tourist Service Center Brückenturm
Rheinstr. 55
Tel. +49 (0)6131-242-888
www.mainz-tourismus.com

Marktbreit
Tourist-Info
Mainstr. 6
97340 Marktbreit
Tel. +49 (0)9332 591595
www.marktbreit.de

Marktheidenfeld
Tourist-Info im Bürgerbüro
Luitpoldstr. 17
97828 Marktheidenfeld
Tel. +49 (0)9391 5004-0
(od. 5004-41)
www.stadt-marktheidenfeld.de

Miltenberg
Tourist-Info
Engelplatz 69
63897 Miltenberg
Tel. +49 (0)9371 404119
www.miltenberg.info

Ochsenfurt
Tourist-Info
Hauptstr. 39
97199 Ochsenfurt
Tel. +49 (0)9331 5855
www.ochsenfurt.de

Offenbach
OF InfoCenter
Salzgäßchen 1
63065 Offenbach am Main
Tel. +49 (0)69 840004-170
www.offenbach.de

Schweinfurt
Tourist-Info 360°
Rathaus, Markt 1
97421 Schweinfurt
Tel. +49 (0)9721 513600
www.tourismus-schwein-
furt.de

Seligenstadt
Tourist-Info
Aschaffenburger Str. 1
63500 Seligenstadt
Tel. +49 (0)6182 87177
www.seligenstadt.de

Sommerhausen
Tourist-Info
Hauptstr. 15
97286 Sommerhausen
Tel. +49 (0)9333 8256
www.sommehausen.de

Würzburg
Tourist-Info im Falkenhaus
Oberer Markt 9
97070 Würzburg
Tel. +49 (0)931 372398
www.wuerzburg.de

Triefenstein
Markt Tiefenstein
Rathausstr. 2
97855 Triefenstein
Tel. +49 (0)9395 9701-12
www.markt-triefenstein.de

Veitshöchheim
Tourist-Info
Mainlände 1
97209 Veitshöchheim
Tel. +49 (0)931 78090025
www.wuerzburgerland.de

Viereth-Trunstadt
Gemeindeverwaltung
Weiherer Str. 6
96191 Viereth-Trunstadt
Tel. +49 (0)9503 9222-0
www.viereth-trunstadt.de

Volkach
Tourist-Info Volkacher
Mainschleife
Rathaus, Marktplatz 1
97332 Volkach
Tel. +49 (0)9381 40112
www.volkach.de

Wertheim
Tourismus Wertheim
GmbH
Gerbergasse 16
97877 Wertheim
Tel. +49 (0)9342 93509-0
www.tourismus-wertheim.de

TOUREN SPEICHER

Der Autor deiner Abenteuer bist du. Halte sie in unserem neuen Tourenbuch fest und mache deine Fahrrad-Touren unvergesslich.

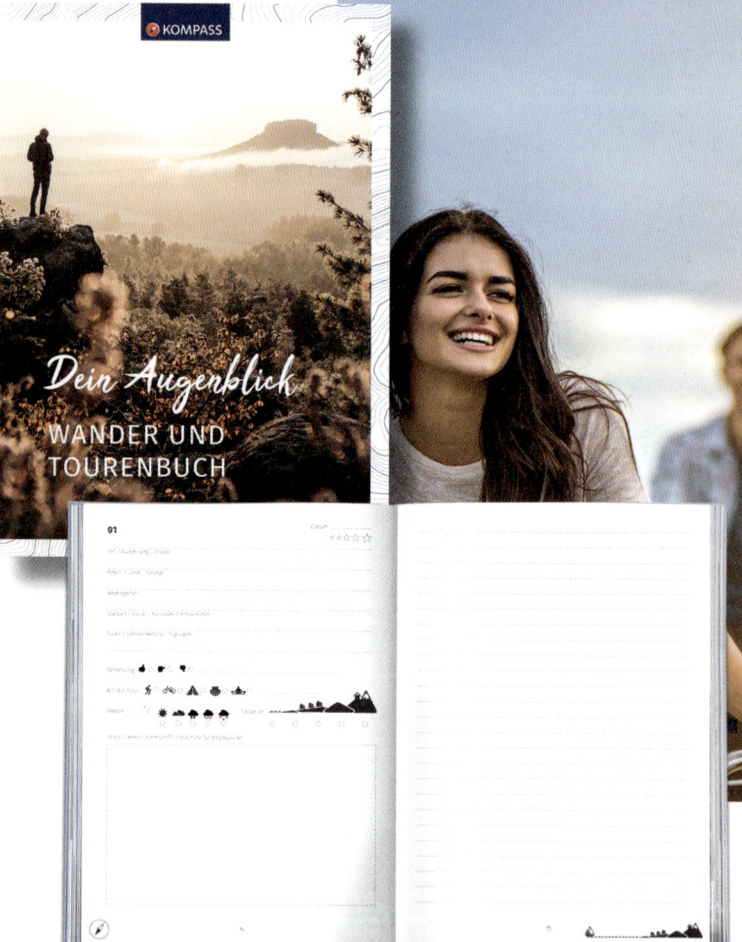

IMPRESSUM

© KOMPASS-Karten, A-6020 Innsbruck (21.01)
1. Auflage 2021   Verlagsnummer 6916   ISBN 978-3-99044-768-0

Konzept & Projektleitung: Matthias Albrecht (KOMPASS-Karten GmbH)
Grafische Herstellung: Maria Strobl
Text: Maria Strobl

Titelbild: Gemeinsam Spaß haben auf dem Mainradweg (© DisobeyArt – stock.adobe.com)

S. 4/5: © ANGELA_NAJAK - stock.adobe.com
S. 6/7 oben, 30/31: © Petrolini Massimiliano – stock.adobe.com
S. 6/7 unten, 40/41: © Volker Rauch – Shutterstock
S. 8/9 oben, 60/61: © Gellinger – Pixabay
S. 8/9 unten, 82/83: © Andreas Kott – Pixabay
S. 10/11 oben, 96/97: © Pajor Pawel – Shutterstock
S. 10/11 unten: © André Franke - stock.adobe.com
S. 12/13: © DisobeyArt – stock.adobe.com
S. 14/15; S. 16/17: © Ira Budanova – stock.adobe.com
S. 18/19: © rustamark – stock.adobe.com
S. 20/21: © YesPhotography – stock.adobe.com
S. 22/23: © dusanpetkovic1 – stock.adobe.com
S. 24/25: © Diamant Fahrradwerke GmbH
S. 26/27: © Pawel Michalowski – stock.adobe.com
S. 32/33: © nmann77 - stock.adobe.com
S. 34/35: © Wolfgang Filser - stock.adobe.com
S. 36: © rabunzel - Pixabay
S. 36/37: © Animaflora PicsStock - Shutterstock
S. 38/39: © Engin Aykurt – Pixabay
S. 42/43: © AVTG - stock.adobe.com
S. 44/45: © André Beer - Pixabay
S. 46/47, 56/57 oben, 58/59, 69, 71, 86/87 oben, 90/91, 171, 199, 203, 230/231, 232/233, 234/235, 236/237: © Walter Theil
S. 48/49: © Niko Endres - stock.adobe.com
S. 50/51: © U. Gernhoefer - stock.adobe.com
S. 52/53: © Drobot Dean - stock.adobe.com
S. 54: © rotschwarzdesign - stock.adobe.com
S. 54/55: © Jahreiss. kommunikation foto film
S. 56/57 unten: © AIDAsign - Shutterstock
S. 62/63: © beba - Pixabay
S. 64/65: © Irina Drazowa-Fischer - stock.adobe.com
S. 66/67: © Otto Durst - stock.adobe.com
S. 70: © dina - stock.adobe.com
S. 72/73: © Slawomir Fajer - stock.adobe.com
S. 74/75: © Olaf Herm - stock.adobe.com
S. 76/77: © Museum Georg Schäfer
S. 78/79: © fotoliaiso - stock.adobe.com
S. 80/81: © traveldia - stock.adobe.com
S. 84/85: © Benny Trapp - stock.adobe.com
S. 86/87 unten, 94/95: © Hotel & Restaurant Vogelsburg, Christoph Tacke (Foto: Emiliyan Frenchev)
S. 88/89: © ChHe72 - Pixabay
S. 93: © Ronald Grunert-Held
S. 98/99: © JeniFoto - Shutterstock

Alle Angaben und Tourenbeschreibungen wurden nach bestem Wissen gemäß unserer derzeiti-gen Informationslage gemacht. Die Radtouren wurden sehr sorgfältig ausgewählt und beschrieben, Schwierigkeiten werden im Text kurz angegeben. Es können jedoch Änderungen an Wegen und im aktuellen Naturzustand eintreten. Radfahrer und alle Kartenbenützer müssen darauf achten, dass aufgrund ständiger Veränderungen die Wegzustände bezüglich Befahrbarkeit sich nicht mit den Angaben in der Karte decken müssen. Bei der großen Fülle des bearbeiteten Materials sind daher vereinzelte Fehler und Unstimmigkeiten nicht vermeidbar. Die Verwendung dieses Radreiseführers + Extratourenkarte erfolgt ausschließlich auf eigenes Risiko und auf eigene Gefahr, somit eigenver-antwortlich. Eine Haftung für etwaige Unfälle oder Schäden jeder Art wird daher nicht übernommen. Für Berichtigungen und Verbesserungsvorschläge ist die Redaktion stets dankbar. Korrekturhinweise bitte an folgende Anschrift:

KOMPASS-KARTEN GMBH
Karl-Kapferer-Straße 5, A-6020 Innsbruck
www.kompass.de/service/kontakt

MIX
Papier aus verantwor-
tungsvollen Quellen
FSC® C018236